Las Nuevas Tecnologías y el Marketing Digital

Ángel Arias

ISBN: 978-1495488856

Índice de Contenidos

NOTA DEL AUTOR	**6**
INTRODUCCIÓN	**7**
DEFINICIÓN DE COMERCIO ELECTRÓNICO	8
DESARROLLO HISTÓRICO	8
MODELO INTEGRADO DE COMERCIO ELECTRONICO	9
FACTORES CLAVE PARA EL ÉXITO DEL COMERCIO ELECTRÓNICO	10
VENTAJAS DEL COMERCIO ELECTRÓNICO PARA LAS EMPRESAS	11
PROBLEMAS DEL COMERCIO ELECTRÓNICO	12
TIPO DE COMERCIO ELECTRÓNICO	**15**
COMERCIO ELECTRÓNICO ENTRE EMPRESAS	15
COMERCIO ELECTRÓNICO DE EMPRESAS A CONSUMIDORES	15
COMERCIO ELECTRÓNICO DE EMPRESAS A OTRAS EMPRESAS YA CONSUMIDORES	16
COMERCIO ELECTRÓNICO DE EMPRESA A EMPLEADO	16
COMERCIO ELECTRÓNICO ENTRE CONSUMIDORES	17
INTRODUCCIÓN AL CONCEPTO DE E-COMMERCE	**19**
ACEPTACIÓN DEL COMERCIO ELECTRÓNICO	19
DESCRIPCIÓN DE LAS VENTAJAS Y DESVENTAJAS DE ESTE TIPO DE COMERCIO	20
IDONEIDAD DEL PRODUCTO	**23**
MÉTODOS DE PAGO EN LAS COMPRAS EN INTERNET	**25**
CONTRA REEMBOLSO	26
CARGOS EN CUENTA (DOMICILIACIÓN)	26
TARJETA DE DÉBITO O DE CRÉDITO	26
MÉTODOS DE PAGO ESPECÍFICOS	27

SISTEMAS DE SEGURIDAD EN LAS COMPRAS ON-LINE — 29

- CONFIDENCIALIDAD — 29
- INTEGRIDAD — 30
- AUTENTIFICACIÓN — 31

MARKETING — 32

MERCHANDISING — 34

- ÁREAS Y HERRAMIENTAS — 36
- E-MARKETING DE PRODUCTO — 37
- E-RESEARCH — 38
- E-ENCUESTAS — 39
- E-PRECIOS — 39
- E-PROMOCIÓN — 40
- E-AUDIT — 42
- EL COMERCIO ELECTRÓNICO — 43
- E-PUBLICIDAD — 44
- E-BRANDING — 46
- COMERCIO E-MARKETING — 47
- E-COMUNICACIÓN — 48
- **CONOCIENDO LA WEB** — 51
- LA WEB 2.0, UN CONCEPTO DIFERENTE — 51
- LAS NUEVAS TENDENCIAS — 53
- BLOGS Y PODCASTS — 54
- NUBES DE ETIQUETAS — 56
- LA LARGA COLA — 57
- INTELIGENCIA COLECTIVA — 58

LAS NUEVAS TECNOLOGÍAS — 60

- RSS Y ATOM — 60

INTERNET, LA RED DE REDES — 62

- LOS TRES GRANDES PILARES DE LA WEB — 62
- LOS NAVEGADORES WEB — 65
- LA GUERRA DE LOS NAVEGADORES — 66

| Los navegadores en la actualidad | 68 |

LENGUAJES DE ETIQUETAS — 70

HTML	70
El Origen, el SGML	73
Las versiones de HTML	74
Uso del software	76

XML — 78

W3C y la estandaritzación: XHTML	79
Otros lenguajes de marcaje basados en XML	82
SVG y VML	82
XSL y XSLT	83
MathML	84

DISEÑO WEB, TRATAMIENTO DE IMÁGENES Y CSS — 87

JAVASCRIPT, DANDO DINAMISMO EN LA PÁGINA — 93

Breve historia	93
¿Qué permite hacer?	94
Integración dentro de la página	96

CONCEPTOS BÁSICOS DE PROGRAMACIÓN — 100

| Iniciación al POO | 105 |
| Document Object Model | 108 |

LENGUAJES DE SERVIDOR, PHP Y RUBY — 111

| PHP | 114 |
| Ruby | 115 |

AJAX — 117

MASHUPS	118
LOS MICROFORMATS	119
OPENSEARCH	120
INTRODUCCIÓN	121
XMLHTTPREQUEST	123
PROTOTYPE	127
SCRIPT.ACULO.OS	131

FLASH Y ACTIONSCRIPT 135

ACTIONSCRIPT	136
FLEX	137

CONCLUSIONES 140

BIBLIOGRAFÍA 141

ACERCA DEL AUTOR 142

Nota del Autor

Esta publicación está destinada a proporcionar el material útil e informativo. Esta publicación no tiene la intención de conseguir que usted sea un maestro de las bases de datos, sino que consiga obtener un amplio conocimiento general de las bases de datos para que cuando tenga que tratar con estas, usted ya pueda conocer los conceptos y el funcionamiento de las mismas. No me hago responsable de los daños que puedan ocasionar el mal uso del código fuente y de la información que se muestra en este libro, siendo el único objetivo de este, la información y el estudio de las bases de datos en el ámbito informático. Antes de realizar ninguna prueba en un entorno real o de producción, realice las pertinentes pruebas en un entorno Beta o de prueba.

El autor y editor niegan específicamente toda responsabilidad por cualquier responsabilidad, pérdida, o riesgo, personal o de otra manera, en que se incurre como consecuencia, directa o indirectamente, del uso o aplicación de cualesquiera contenidos de este libro.

Todas y todos los nombres de productos mencionados en este libro son marcas comerciales de sus respectivos propietarios. Ninguno de estos propietarios han patrocinado el presente libro. Procure leer siempre toda la documentación proporcionada por los fabricantes de software usar sus propios códigos fuente. El autor y el editor no se hacen responsables de las reclamaciones realizadas por los fabricantes.

Introducción

En los últimos años el crecimiento de la tecnología ha generado grandes progresos en todos los ámbitos. Las comunicaciones han sido las de mayor desarrollo, especialmente el desarrollo de Internet.

Internet influye en nuestras vidas y en nuestras costumbres, en la forma de buscar información, de entretenernos, de comunicarnos y por supuesto ha hecho que aparezcan nuevas formas de comprar y vender bienes y servicios de todo tipo.

Estos cambios comportan grandes beneficios, no sólo para los usuarios sino también para las empresas que han encontrado grandes oportunidades en los desarrollos de las comunicaciones. Estas tecnologías están al alcance tanto de las grandes empresas como de las pequeñas. Cualquiera de estos adelantos puede estar al alcance de otras empresas o clientes potenciales dispersos alrededor del mundo.

De este modo, se han desarrollado un gran número de operaciones comerciales. Pero así como crecen los beneficios, esta nueva realidad presenta un desafío para las autoridades fiscales, puesto que es difícil crear un sistema legal-impositivo adecuado a los nuevos tipo de comercio.

El comercio electrónico va creciendo cada día, puesto que es una forma cómoda y rápida de adquirir lo que necesitamos sin movernos de casa, aunque crece poco a poco debido a la inseguridad social en este método.

Definición de comercio electrónico

El comercio electrónico consiste en la compra, venta, marketing y suministro de información complementaria para productos o servicios a través de redes informáticas. El comercio electrónico es un tipo de transacción comercial hecho especialmente a través de un dispositivo electrónico, como por ejemplo, ordenadores, tablets y teléfonos inteligentes.

La industria de la tecnología de la información podría verlo como una aplicación informática dirigida a realizar transacciones comerciales. El comercio electrónico también incluye la transferencia de información entre empresas.

Desarrollo histórico

El significado del término "comercio electrónico" ha cambiado a lo largo del tiempo. Originariamente, "comercio electrónico" significaba la facilitación de transacciones comerciales electrónicamente, normalmente utilizando tecnología como la Electronic Data Interchange (EDI, presentada a finales de los años 70) para enviar electrónicamente documentos como pedidos de compra o facturas entre empresas. A partir de ese momento se considera el nacimiento del comercio electrónico.

Más tarde pasó a incluir actividades más precisas denominadas "Comercio en la red" como la compra de bienes y servicios a través de la World Wide Web vía servidores seguros con tarjetas de compra electrónica y con servicios de pago electrónico como autorizaciones para tarjeta de crédito.

El crecimiento en el número de compradores -line siempre ha sido directamente relacionado con el aumento de las velocidades de conexión. Cuanto más rápido es el ancho de banda, mayor es el porcentaje de probabilidad de comprar a través de Internet, ya que la experiencia de navegación es más agradable, manteniendo a la gente buscando más tiempo y en más páginas. Por otra parte, los minoristas en línea pueden aprovecharse de las características tales como probadores virtuales y vídeos en alta definición, para aumentar sus posibilidades de venta.

Modelo integrado de comercio electronico

El Modelo Integrado de Comercio Electrónico tiene varias subdivisiones del entorno EC y su integración con el entorno empresarial. Este modelo hace hincapié en sus aspectos, valores, beneficios y contribuciones estratégicas al éxito de las organizaciones:

- Las políticas públicas y normas: Están relacionados con los aspectos legales de la regulación de los sectores y mercados y las normas oficiales;
- Las políticas y normas técnicas: Se relacionan con los aspectos de la normalización a la compatibilidad de los componentes del entorno técnico, políticas de tratamiento y presentación de informes;
- Autopista de la Información Pública: Es la red formada tanto por la red mundial de Internet como los servicios en línea que tienen vínculos con ella, y se hace hincapié en el acceso gratuito o de bajo coste, y la integración entre los distintos entornos sin restricciones, incluyendo desde los terminales de acceso más simples a medios más sofisticados de comunicación para grandes volúmenes de información.
- Aplicaciones y servicios genéricos: son los que ofrece el medio, a través de sus proveedores y servicios a disposición de todo el mundo on-line, como el correo electrónico, transferencia de archivos, aulas virtuales, algoritmos y software de cifrado ;
- Aplicaciones de Comercio Electrónico: Son aquellas desarrolladas sobre la base de las capas anteriores que satisfagan las necesidades de una organización o grupo de ellas.

Factores clave para el éxito del comercio electrónico

Varios factores han tenido un importante papel en el éxito de las empresas de comercio electrónico. Entre ellos se encuentran:

- Crear un valor al cliente: los vendedores pueden conseguirlo ofreciendo un producto o una línea de productos que atraiga a clientes potenciales a un precio competitivo al igual que sucede en un entorno no electrónico.
- Proporcionar el servicio adecuado y su ejecución ofreciendo una experiencia de compra amigable, interactiva tal como se podría llegar a dar en una situación cara a cara.
- Mostrar una página web atractiva empleando el uso de colores, gráficos, animación, fotografías, tipografías y espacio en blanco puede aumentar el éxito en este sentido.
- Crear unos incentivos para los consumidores para comprar y volver: las promociones de ventas pueden incluir cupones, ofertas especiales y descuentos. Las webs unidas por enlaces y los programas de publicidad pueden ayudar en este aspecto.
- Facilitar la atención personal: páginas web personalizadas, sugerencias de compra y ofertas especiales personalizadas pueden allanar el camino de sustituir el contacto personal que se puede encontrar en un punto de venta tradicional.
- Crear un sentido de comunidad: las áreas de chats, foros, registro como cliente, esquemas de fidelización y programas de afinidad pueden ayudar.
- Proporcionar confianza y seguridad empleando servidores paralelos, redundancia de maquinaria, tecnología de seguridad en averías, el cifrado de la información y los cortafuegos pueden ampliar estos requisitos.
- Dar una visión de 360 grados de la relación con el consumidor, definida como la seguridad de que todos los empleados, proveedores y socios tienen una visión global e

idéntica del consumidor. Sin embargo, los consumidores pueden no apreciar esta experiencia.

- Permitir que los consumidores se ayuden a sí mismos, proporcionando sistemas de autoayuda sin asistencia puede ayudar en este sentido.
- Ayudar a los consumidores a hacer el trabajo de consumir: los vendedores pueden proporcionar esta ayuda ampliando la información comparativa y las búsquedas de producto. La provisión de información de componentes y comentarios de seguridad e higiene puede ayudar a los minoristas a definir el trabajo del comprador.
- Construir un modelo de negocios sólido.
- Crear una cadena de valor añadido en la que se orienta a un número "limitado" de competencias claves en las que quiere centrar su actividad comercial (las tiendas electrónicas pueden presentarse bien como especialistas o como generalistas si se programan correctamente).
- Operar en el límite de la tecnología o cerca de éste y permanecer mientras sigue cambiando pero recordando que los principios fundamentales del comercio se mantienen indiferentes a la tecnología.
- Construir una organización con suficiente agilidad y sistemas de alerta para responder rápidamente a los cambios en el entorno económico, social y físico.

Ventajas del comercio electrónico para las empresas

- Su negocio disponible las 24 horas * 7 días de la semana;
- Posiblemente más descuento en el producto teniendo en cuenta el costo de la contratación de personal de ventas y la ausencia del pago de los salarios a los mismos;
- No es necesario contar con una tienda física e invertir en la decoración, pantallas, seguridad y saneamiento del establecimiento;

- Reducción del riesgo de una mala interpretación en el circuito con el cliente, y hasta con el proveedor;
- El ahorro de costes asociados con el cliente y el proveedor;
- Bajo tiempo de las órdenes;
- Fácil acceso a nuevos mercados y clientes, con poco esfuerzo económico;
- La ventaja competitiva de las grandes empresas a las pequeñas es más pequeña. Un portal de compras eficiente y atractivo en Internet no requiere una gran inversión financiera. El cliente escoge que le da más confianza y mejor servicio;
- Los procedimientos asociados con las compras son muy rápidos, lo que permite a las empresas reducir el tiempo medio de recibo, lo que mejora de su flujo de caja;
- Facilidad de procesamiento de los datos transmitidos por CRM, por ejemplo, preferencias y forma de pago de los clientes, así como también permite la anticipación a cambios en las tendencias del mercado;
- El contacto permanente con todas las entidades involucradas en el proceso, la interacción es más rápida, lo que reduce los costes relacionados con la comunicación.
- Conocimiento que figura en el perfil del cliente, sus hábitos y la regularidad de su consumo;
- La anticipación a las tendencias del mercado, la disponibilidad continua de informes sobre que aspectos son los más visitados y que áreas más navegables;
- Rapidez en la comercialización de nuevos productos o promociones;
- Los fabricantes pueden acceder directamente al mercado de consumo y por lo tanto reducir los intermediarios y aumentar su rentabilidad;
- Las empresas pueden internacionalizar sus marcas con costos mucho más bajos, sin tener que abrir tiendas físicas.

Problemas del comercio electrónico

Incluso si el proveedor de productos en comercio electrónico sigue rigurosamente los quince "factores clave" indicados anteriormente para diseñar una estrategia ejemplar de comercio electrónico, los problemas pueden aparecer igualmente. Las causas de estos problemas suelen ser:

- La incomprensión de los clientes, el por qué compran y cómo compran. Incluso un producto con una proposición sólida de valor puede fallar si los fabricantes y distribuidores no entienden los hábitos, expectativas y motivaciones de los consumidores. El comercio electrónico podría llegar a mitigar este problema potencial con una investigación de marketing proactiva y bien orientada tal como hacen los detallistas tradicionales.
- El no considerar el entorno competitivo: uno puede tener la capacidad de construir un buen modelo de negocios de librería electrónica pero no tener en cuenta la competencia con otros portales.
- La incapacidad de prever la reacción del entorno. ¿Qué harán los competidores? ¿Presentarán nuevas marcas o páginas web competidoras? ¿Completarán sus ofertas de servicio? ¿Tratarán de sabotear el portal de la competencia? ¿Se desatará una lucha de precios? ¿Qué hará el estado? Una buena investigación de la competencia, fabricantes y mercados pueden mitigar las consecuencias de ello, tal como sucede en el comercio tradicional.
- El hecho de sobrestimar nuestros recursos: ¿puede el personal, hardware, software y nuestros procesos llevar a cabo la estrategia propuesta? ¿Han fallado los detalles a desarrollar en las capacidades de los empleados y directivos? Estos puntos pueden motivar la planificación de recursos y la formación de los empleados.
- El fallo de coordinación. Si las actuales relaciones de control y sistema de reporte no son suficientes, uno puede evolucionar hacia una estructura organizacional plana, responsable y flexible que puede o no aumentar la coordinación.
- La no obtención de compromiso de la dirección más veterana. Esto generalmente desemboca en la no consecución de suficientes recursos corporativos para llevar a cabo la tarea. Por lo tanto la empresa debe conseguir involucrar desde el inicio del

proyecto a la dirección más veterana para lograr un apoyo en las decisiones posteriores.

- La no obtención de compromiso de los empleados. Si los planificadores no explican correctamente su estrategia a los empleados o no dan a los empleados una visión global. La formación y el establecimiento de incentivos para trabajadores para abrazar la estrategia puede ayudar a conseguirlo.
- La subestimación de los requerimientos de tiempo: establecer un proyecto de comercio electrónico puede exigir mucho tiempo y dinero, y no llegar a entender el tiempo y la secuencia de tareas a realizar puede conducir a unos importantes costes adicionales. La planificación básica del proyecto, camino crítico y cadena crítica, puede mitigar estos errores. El logro de beneficios para alcanzar una determinada cuota de mercado puede no ser siempre inmediata.
- El no llegar a seguir un plan: un seguimiento pobre después de la planificación inicial y el no seguimiento del progreso puede desembocar en problemas. Uno puede amortiguarse con herramientas estándar: benchmarking, seguimiento de discrepancias y recompensas por discrepancias.

Tipo de comercio electrónico

Comercio electrónico entre empresas

La abreviatura comercial de este tipo de comercio, B2B, tiene su origen en la expresión anglosajona "business to business".

El comercio electrónico es una utilidad más que aporta Internet y que ha experimentado un gran auge en los últimos años. El B2B ha venido impulsado fundamentalmente por la creación de portales para agrupar compradores. Así, se pueden encontrar, por ejemplo portales de empresas de automoción, alimentación, químicas u hostelería, entre otros. Las compañías se agrupan para crear dichas páginas aglutinando fuerzas. Lo que les permite negociar en mejores condiciones. El mantenimiento de las páginas se produce pidiendo un canon por cotizar o cobrando a los socios una comisión del negocio realizado en el portal.

Algunas de las ventajas que aporta el B2B para los compradores son:

- La posibilidad de recibir mayor número de ofertas.
- La despersonalización de la compra con lo que se evitan posibles tratos de favor.
- El abaratamiento del proceso: se evitan las visitas comerciales, el proceso de negociación es más rápido, etc. Por tanto, los compradores pueden pedir una reducción de precios en virtud del menor coste de gestión.

Comercio electrónico de empresas a consumidores

La abreviatura del comercio electrónico de empresas a consumidores es B2C que proviene de la expresión "business to consumer" (de empresas a consumidor), es decir, el comercio electrónico que realizan las empresas con los particulares. Potencialmente, tiene un gran recorrido a largo plazo y en la actualidad se va asentando en sectores como la distribución alimentaria. Así, las grandes cadenas de supermercados e hipermercados ya disponen en sus portales de aplicaciones de venta a través de internet.

El éxito del B2C pasa por el aseguramiento de los sistemas de pago a través de tarjeta de crédito, si bien en muchos casos se da la posibilidad de otras formas de pago como contra reembolso, en efectivo o PayPal, un sistema cada vez más utilizado.

Comercio electrónico de empresas a otras empresas ya consumidores

Esta es una modalidad de comercio electrónico que agrupa el B2B "business to business" (comercio electrónico entre empresas) y el B2C "business to consumer" (empresas a consumidor), siendo B2B2C su abreviatura. Se trata de una versión más sofisticada de lo que podría ser la simple superposición de los dos negocios. Con la misma plataforma en red y la misma plataforma de distribución este tipo de empresa tiene el objetivo de crear la cadena de valor completa desde que un producto o servicio se fabrica hasta que llega al consumidor final, sin la implicación de empresas intermediarias.

Comercio electrónico de empresa a empleado

Este tipo de comercio electrónico se abrevia B2E que proviene de la expresión "business to employee" (Empresa empleado). Es la relación comercial que se establece entre una empresa y sus propios empleados. Por ejemplo, una compañía aérea puede ofrecer paquetes turísticos a sus empleados a través de su propia intranet y, además de sus ofertas puede incluir las de compañías aéreas asociadas.

Comercio electrónico entre consumidores

El C2C "Consumer to consumer" (entre consumidores) se refiere a las transacciones privadas entre consumidores que pueden tener lugar mediante el intercambio de correos electrónicos o el uso de tecnologías P2P "Person to Person" (entre iguales) es decir, el objetivo de este tipo de comercio es la compra venta entre particulares.

La tecnología P2P se refiere a una red que no tiene clientes y servidores fijos, sino una serie terminales que se comportan a la vez como clientes y como servidores de los demás ordenadores de la red. Es decir, este tipo de tecnología permite que un particular desde su propio ordenador pueda ofrecer y recibir bienes digitales tales como una canción, software, etc. con otro particular. Lo que no es posible de forma directa debido a que la mayoría de ordenadores domésticos no tienen una IP fija, sino que disponen de una IP dinámica asignada aleatoriamente por el proveedor de conexión, y no es conocida por el resto de la red. Lo que conlleva que no se puedan conectar entre sí dos ordenadores en Internet. La solución habitual es la conexión con servidores con unas direcciones fijas y conocidas por las partes implicadas en el intercambio, a partir de ese momento los clientes ya tienen información sobre el resto de la red y pueden intercambiar la información entre sí sin la intervención de los servidores. De modo que la función de este servidor mantuvo la relación entre los usuarios de la red.

Cualquier terminal puede iniciar o completar una transacción compatible. Los pcs pueden diferir en la configuración local, la velocidad de proceso, el ancho de banda de la conexión a la red o la capacidad de almacenamiento.

Introducción al concepto de E-Commerce

Después de haber introducido todas las posibilidades que ofrece el comercio electrónico los puntos que se explican a continuación tienen el objetivo de centrarse en el intercambio comercial entre empresas y consumidores, ya que ha sido desde los inicios el más extendido popularmente y del que se pueden encontrar más representaciones en la red. Este tipo de comercio es conocido usualmente como E-Commerce.

Aceptación del comercio electrónico

Los consumidores han aceptado el negocio de comercio electrónico más lentamente de lo que esperaban sus promotores. Incluso en categorías de producto aptas para el comercio electrónico, la compra electrónica se ha desarrollado lentamente. Muchas razones se pueden esgrimir para esta lenta implantación, como por ejemplo:

- La preocupación sobre la seguridad: mucha gente no utilizará las tarjetas de crédito en internet debido a su preocupación sobre un posible robo o fraude.
- La falta de gratificación instantánea en la compra "on-line" exceptuando en las compras de bienes digitales (descargar una canción): mucha de la recompensa obtenida por el consumidor en la compra reside en la gratificación instantánea que supone la utilización del producto. Esta recompensa no existe cuando la compra tarda en llegar días o meses.
- El problema del acceso a la web, particularmente para hogares pobres o países subdesarrollados: las tasas bajas de penetración de internet en algunos sectores reduce el potencial del comercio electrónico.

- El aspecto social de la compra: a algunas personas les gusta hablar sobre el género con los dependientes o acompañantes. Esta recompensa social de la terapia comercial no existe en la misma dimensión en las compras a través de la red.

Descripción de las ventajas y desventajas de este tipo de comercio

La principal ventaja que proporciona la compra on-line es la comodidad, ya que se puede realizar desde el propio hogar y a cualquier hora del día. Además, permite al usuario acceder a tiendas de todo el mundo y, de esta forma, poder obtener productos que no se encuentran en el país de residencia, localizar productos raros o escasos más fácilmente (por ejemplo libros descatalogados u objetos antiguos). Sin embargo, el principal inconveniente que presenta la compra electrónica es la entrega del producto, lo cual, en algunos casos es demasiado lento y / o costoso.

Las empresas pueden obtener grandes beneficios gracias al comercio electrónico. En primer lugar, el simple hecho de tener una página web sirve para ampliar el mercado y permite hacer llegar información a los clientes de una forma rápida y barata, ya que si algo es publicado en la web instantáneamente puede ser visto por cualquier persona en cualquier lugar del mundo. Otra ventaja es que la empresa puede recibir demandas del cliente a través de Internet, las cuales llegarán mucho más rápido que si se hicieran por correo estándar, y podrán procesarse digitalmente en el mismo momento de su llegada, lo que supone un ahorro de tiempo y de personal, lo que puede mejorar la competitividad del producto dentro del mercado. Además, también se consigue una mejor atención al cliente y se le puede pedir su opinión sobre el producto de una manera más rápida y fácil. Otro aspecto positivo es el hecho de que no existen empresas pequeñas o grandes. La presentación de páginas y sitios web depende del programador y los recursos de la empresa. La ventaja más evidente es que pequeños comercios y estudios pueden ser más eficaces a la hora de presentar sus productos que grandes compañías. Otro factor positivo es la facilidad de crear servicios de post-venta, asesoría y una estructura de soporte técnico de productos y servicios.

Pero el principal problema por el que muchos internautas no realizan sus compras electrónicamente es la desconfianza, tanto en la tienda como en el método de envío de sus datos:

- La desconfianza en el método de pago: esta desconfianza suele ser dada por los medios de comunicación a la hora de anunciar un acto fraudulento en Internet, este hecho hace que la gente desconfíe a la hora de dar sus datos para evitar que puedan ser utilizados de forma indeseable.
- La desconfianza en el vendedor: otro de los problemas es que cuando se adquiere un producto por Internet no se ve físicamente y, en muchas ocasiones, se desconoce personalmente la empresa que lo vende. Esto produce una desconfianza por parte del cliente hacia el vendedor que suele afectar sobre todo a las empresas pequeñas, ya que las grandes se benefician de su imagen ya difundida, la cual es conocida por todos los usuarios. Esto ha hecho que el P2P tenga mayor éxito de lo previsto, es decir, el comercio electrónico basado en vínculos directos entre los compradores particulares y los vendedores. Este tipo de negocio ha alcanzado una proporción de usuarios de Internet importante, la cual no había sido prevista.

Internet es un medio altamente apto para la inclusión de productos y servicios intangibles, tales como software, servicios de asesoramiento, actualización de información y bases de datos legales, contables, médicos, etc. Es también altamente positiva para la generación y difusión de noticias y anuncios.

La globalidad de internet y las múltiples empresas y organizaciones a las que brinda acceso, crean un estado casi enfermizo de volatilidad de la información que lleva a pensar que la información extraída de la red ya es vieja en el momento en que la lee el destinatario final. Al mismo tiempo, esta facilidad de obtener información de todo tipo crea un ámbito apropiado para el robo de ideas, trabajos manuscritos y software. No son pocos los casos de trabajos científicos que se puede constatar que se tratan de vulgares plagios o reescrituras de trabajos presentados por otras personas. Actualmente hay en auge un nuevo "comercio", que es la venta de trabajos monográficos escolares en escuelas secundarias y universidades.

Existen múltiples medios para promocionar productos y servicios, la mayor parte de los mismos son gratuitos y facilitan la creación de campañas de marketing que permiten promocionar nuevas empresas como los foros de negocios, los tablones de anuncios o los buscadores.

Día a día los buscadores aumentan en número y calidad. Todas las empresas publican sus anuncios en los buscadores gratuitos y desconocidos, que poco a poco se van masificando. Como son gratuitos, las empresas que los administran no destinan recursos para su depuración y mantenimiento. Muchos de estos buscadores han crecido de tal manera que se han transformado en verdaderos portales de servicios con una gran mejora de su calidad. Una ventaja es el enfoque práctico del uso de estas herramientas ya que prácticamente con 20 o 25 buscadores claves en todo el mundo, en los que incluyamos una empresa, obtendremos los mismos beneficios que incluyéndola en 500 buscadores gratuitos y desconocidos. El impacto de la campaña publicitaria depende principalmente de los enlaces intercambiados con otros sitios y de los vínculos contratados en las pantallas principales de los buscadores.

Idoneidad del producto

Algunos productos o servicios parecen más idóneos para la venta on-line; otros, son más idóneos para la venta física. Muchas compañías virtuales de éxito trabajan con productos digitales como almacenamiento, modificación y recuperación de información, música, cine, formación, comunicación, educación, software, fotografía y transacciones financieras. Algunos ejemplos de estos tipos de compañías son: Google, eBay y PayPal. Los comerciantes virtuales pueden vender productos y servicios no digitales con éxito. Estos productos generalmente tienen un alto ratio de valor añadido, pueden también implicar compras embarazosas o dirigirse a gente situada en localidades lejanas. Los productos que pueden introducirse en un buzón estándar como CDs, DVDs y libros son particularmente adecuados para el comercio virtual e incluso Amazon.com una de las pocas compañías duraderas en este mercado se ha concentrado históricamente en este campo. Tanto los productos para particulares (por ejemplo: repuestos para lavadoras, etc.) como los productos de equipamiento industrial (por ejemplo: bombas de agua, etc.) también parecen ser buenos candidatos para las ventas en línea. Los comerciantes a menudo necesitan pedir piezas de forma específica, ya que no las almacenan en sus establecimientos. En estos casos las soluciones de comercio electrónico no compiten con tiendas detallistas sino con otros sistemas de pedidos. Un factor de éxito en este nicho de mercado puede consistir en proporcionar al consumidor información exacta y fiable sobre qué pieza idónea necesita su versión de producto, por ejemplo proporcionando listas de piezas con un número de serie. Los compradores de pornografía y otros productos y servicios relacionados con el sexo satisfacen las necesidades tanto de los compradores virtuales como de las compras comprometedoras, no es sorprendente que la provisión de estos servicios sea uno de los segmentos más beneficiosos del comercio electrónico. Dentro de los productos no aptos para el comercio electrónico se encuentran los de bajo valor añadido, los cuales se deben oler, degustar o tocar, los cuales necesitan ser probados - sobre todo ropa - y productos cuya integridad de colores parece importante. De cualquier manera, Tesco.com ha tenido éxito sirviendo verduras en Reino Unido si bien la mayoría de sus productos son de calidad genérica y las piezas vendidas a través de internet son un gran negocio en Estados Unidos.

Métodos de pago en las compras en Internet

No hay duda de que uno de los elementos fundamentales en el comercio en general y en el comercio electrónico en particular, es la realización del pago correspondiente a los bienes o servicios adquiridos. En este ámbito el comercio electrónico presenta una problemática similar a la que se plantea en otros sistemas de compra no presencial, es decir, en aquella en la que las partes no se reúnen físicamente para realizar la transacción, como por ejemplo en la compra por catálogo o telefonía donde el comprador tiene que tener garantizada la calidad, cantidad y características de los bienes que adquiere y el vendedor debe tener garantizado el pago de manera que la transacción tenga un nivel aceptable de confidencialidad.

En ocasiones, se entiende que para garantizar estos hechos, comprador y vendedor deben acreditar su identidad, pero realmente sólo necesitan demostrar su capacidad y compromiso respecto a la transacción. De esta manera cada vez más sistemas de pago intentan garantizar la compra "anónima". En el comercio electrónico se añade otro requerimiento que generalmente no se considera en otros sistemas de venta no presencial, aunque existe, es decir, el comprador debe tener garantía de que nadie pueda, como consecuencia de la transacción que efectúa, suplantar en un futuro su personalidad efectuando otras compras en su nombre ya su cargo.

Se observa que al tratarse los medios de pago en el comercio electrónico, se abordan fundamentalmente los temas de seguridad, garantía y acreditación. Otro requerimiento a tener en cuenta es el coste por utilizar un determinado medio de pago que debe ser aceptable para el comprador y el vendedor, en cualquier tipo de comercio. Al igual que cuando se utiliza una tarjeta de crédito para pagar en una tienda, el comerciante debe aceptar el pago de un porcentaje sobre el importe de la compra a cambio del mayor número de ventas que espera realizar aceptando este medio de pago, los medios de pago asociados al comercio electrónico suelen conllevar un coste que puede hacerles inadecuados o incluso inaceptables para importes pequeños, por lo tanto estas cantidades se pueden pagar a través de los denominados micropagos. Para realizar estos micropagos los sistemas suelen ser de estos dos tipos:

- El comprador adquiere dinero anticipadamente (prepago) para poder gastarselo en pequeños pagos.
- El comprador mantiene una cuenta que se liquida periódicamente y no transacción a transacción. Este sistema se utiliza frecuentemente para el acceso a información de pago, como por ejemplo, artículos de la prensa económica.

Contra reembolso

Es el único medio de pago utilizado en el comercio electrónico que implica la utilización de dinero en efectivo. Hoy en día es uno de los medios de pago preferidos por el consumidor en general, pues garantiza la entrega de los bienes antes del pago. Desde el punto de vista del vendedor este medio de pago conlleva dos inconvenientes fundamentales: el retraso del pago y la necesidad de recolectar físicamente el dinero por parte de quien realiza la entrega.

Cargos en cuenta (domiciliación)

Suele emplearse para cargos periódicos o suscripciones, como por ejemplo, el Boletín Oficial del Estado.

Tarjeta de débito o de crédito

La tarjeta de débito o de crédito es el medio más popular y tradicionalmente usado en el comercio electrónico. Para el comprador supone el pago en el momento de realizar la transacción (débito) o a posteriori, con o sin devengo de intereses (crédito). Para el vendedor, suponen un cobro rápido, a cambio de una pequeña comisión que le descuenta el banco.

Métodos de pago específicos

PayPal es otro de los métodos que existen, el cual actúa como intermediario electrónico mediante la tarjeta de crédito tradicional. Este sistema tiene el objetivo de asegurar la confidencialidad tanto del vendedor como del cliente y ofrece la garantía de que la transacción comercial se realice satisfactoriamente.

En cualquiera de los casos, los medios de pago utilizados pueden ser de pago anticipado prepago o "pay before", inmediatamente o "pay now" y posteriormente o "pay after".

Sistemas de seguridad en las compras on-line

La seguridad es uno de los elementos más importantes en el comercio electrónico, ya que ésta genera confianza y hace que los usuarios al depositar sus datos en la red estén seguros de que no serán alterados, visualizados, ni enviados a usuarios no autorizados. Para que un sistema sea seguro se debe garantizar la confidencialidad, la integridad y la autenticación.

Confidencialidad

La confidencialidad es la característica que nos garantiza que los datos enviados por la red no puedan ser vistos por receptores no autorizados, es decir, si alguien captura nuestros datos no debe ser capaz de verlos. Para ello se utiliza la encriptación de mensajes, siendo el algoritmo RSA el más utilizado. Este algoritmo se basa en la factorización de un número que sea producto de dos números primos muy grandes (más de 200 dígitos cada uno). De esta forma, el mensaje cifrado RSA es computacionalmente seguro, es decir, no se pueden obtener los datos cifrados (el mensaje original), sin poseer la clave, en un tiempo aceptable (utilizando números primos de 200 dígitos para generar las llaves y los ordenadores más potentes se tardaría más de 4 mil millones de años en poder averiguar los datos originales). Además, este algoritmo es de los denominados asimétricos, es decir, a partir de la clave de descifrado no se puede obtener la de cifrado.

De esta forma, el uso del algoritmo suele ser:

Primero el vendedor genera dos claves a partir de dos números primos muy grandes. Una vez generadas selecciona una de ellas como clave privada (KPV), la cual conocerá sólo él, y la otra será la clave pública (kpb), la cual hará llegar a todos sus compradores, por ejemplo, poniéndola en su página web.

Luego, cuando el comprador quiere transferir sus datos (por ejemplo, el número de tarjeta de crédito) coge la llave pública y encripta los datos. Una vez encriptados los envía por la red, consiguiendo así que en caso de que sean capturados por otra persona ésta no pueda ver la información original.

Y finalmente, cuando los datos encriptados llegan al vendedor, los desencripta, de una manera rápida, utilizando la clave privada que sólo él conoce.

Estos pasos son realizados por el navegador de forma transparente, es decir, el usuario solo introduce los datos en el formulario y presiona el botón "enviar", en ese momento el navegador coge la clave pública del vendedor y encripta los datos sin que el usuario se dé cuenta.

Integridad

Esta característica garantiza que los datos que llegan al vendedor son realmente los que ha enviado el comprador. Esto es necesario porque, aunque nadie puede ver los datos que se envían al estar encriptados, estos datos encriptados si que pueden ser modificados por otra persona durante su trayecto por la red. Para poder detectar estos casos se utiliza la denominada firma digital. Para eso el comprador firma los datos que debe enviar y añade esta firma al final del mensaje, es decir, mediante la utilización de un algoritmo y su clave privada obtiene un resumen de los datos a enviar y lo añade al final del mensaje por lo tanto la firma y el mensaje son concordantes. Hay que tener en cuenta que al utilizar su clave privada es imposible que otra persona pueda realizar la misma firma sobre este mensaje. Cuando el mensaje junto con la firma llega al vendedor, éste utiliza la clave pública del comprador para comprobar la firma y, en el caso de que ésta sea correcta, se considera que el mensaje no ha sido modificado por el camino, ya que en este caso la firma no concordaría con el mensaje (dos mensajes distintos firmados por una misma persona producen diferente firma).

En la actualidad, los gobiernos ya han regulado el mecanismo de la firma digital, para que esta firma tenga el mismo valor que la firma clásica.

Autentificación

La última característica que debe cumplir un sistema para considerarse seguro es la autentificación, la cual nos asegura que tanto el vendedor como el comprador son realmente quienes dicen ser, evitando de esta forma que alguien suplante a una de las dos partes y nos proporcione su clave pública, en lugar de la verdadera. Para ello la clave pública se transmite dentro de lo que se denomina un certificado digital. Este certificado nos garantiza que la clave pública recibida pertenece a la persona que en él se indica, para ello esta firmado por una autoridad de certificación, la cual nos asegura que los datos de este certificado son verdaderos.

Marketing

El Marketing es el conjunto de técnicas y estrategias a aplicar, a través de las cuales, se logra la satisfacción de las necesidades y requerimientos de los clientes y los consumidores. Como forma de negocios que es, tiene por obligación lograr valor para los empresarios del negocio (socios o accionistas) y forma parte inherente de la estrategia de negocios de la empresa. Pero, también tiene el objetivo de valorar a los clientes y consumidores.

El marketing es una herramienta propia de las economías de mercado, si bien la filosofía inherente al marketing puede ir más allá del mercado y tiene su aplicación en muchas otras actividades de las sociedades humanas.

De forma contraria a lo que frecuentemente se cree, el marketing no es la mera actividad comercial o de ventas, ni es tampoco únicamente la promoción o la publicidad, sino que comprende estos elementos, entre otros.

Bajo la óptica del marketing, cada empresa debe empezar por definir su negocio en términos genéricos de un "qué" (producto: bien o servicio) y un "para quien" (mercado), tras lo cual debe profundizar en el estudio del mercado, definiendo luego su mercado objetivo y los segmentos de mercado que atenderá.

Para cada segmento de mercado, la empresa definirá el posicionamiento que quiere lograr y definirá, diseñará y desarrollará sus estrategias de marketing que comprenden las variables operacionales del marketing o las "P" del marketing. En el caso de bienes, se habla de cuatro "P", mientras que para servicios agregan tres adicionales. Las cuatro "P" básicas son:

- El producto: se trata de la definición y concreción de las características que debe tener un producto (bien o servicio) que suele realizarse mediante el abuso de lenguaje y la utilización de la palabra producto como sinónimo de bien para que responda con la mayor exactitud posible a lo que necesita o desea el consumidor final.

- El precio: es la fijación del precio del producto o servicio sobre la base de la situación existente en el mercado, es decir, lo que el consumidor está dispuesto a pagar y adecuado a los precios de los competidores.
- La promoción o comunicación: hace referencia a todas las funciones de venta y ayudas a la venta tales como la venta por teléfono, Internet (u otros medios similares), los anuncios publicitarios, y la publicidad mediante otros sistemas. También estas actividades deben diseñarse y desarrollarse de manera que se ofrezca al consumidor el producto o servicio en cuestión de una forma óptimamente adaptada a sus preferencias.
- El punto de venta, Lugar, Distribución o Logística: en este caso se define donde encontrará el consumidor el producto o servicio que se ofrece, de forma que le resulte lo más cómodo posible y se ajuste a sus conveniencias. El producto o servicio puede estar disponible en un punto de venta o puede enviarse a la dirección indicada por el consumidor.

En el caso ideal, en una empresa o entidad no sólo el departamento de marketing y otros que dependen de él son conscientes de que deben responder a las auténticas necesidades de los clientes y consumidores. Es toda la empresa o entidad la que debe actuar de acuerdo con este principio, desde la telefonista o administrador de páginas web, hasta los contables, secretarias, y otros empleados. Es así como los clientes recibirán el trato que esperan, por lo que confiarán en esa organización en cuanto a sus productos o servicios.

Merchandising

El merchandising es la parte del marketing que tiene por objetivo aumentar la rentabilidad en el punto de venta. Es el conjunto de estudios y técnicas comerciales que permiten presentar el producto o servicio en las mejores condiciones al consumidor final. Se realiza una presentación del producto o servicio utilizando una amplia variedad de mecanismos que lo hacen más atractivo: colocación, presentación, exhibición, etc.

Se pueden definir dos puntos de vista en relación al merchandising:

- Desde el punto de vista del fabricante es el conjunto de actividades promocionales realizadas a nivel del cliente a fin de incrementar al máximo la atracción del producto.
- Desde la perspectiva del distribuidor es el conjunto de métodos utilizados para maximizar la rentabilidad de las diferentes características del punto de venta.

A continuación se enumeran algunos de los elementos utilizados en el merchandising:

- Una ubicación preferente de producto. Se trata de situar el producto en lugares donde aumentan las posibilidades de ser adquirido por el consumidor. En las páginas web serían los productos destacados en la página principal.
- Las pilas y exposiciones masivas de producto dan sensación de abundancia y suelen provocar un positivo efecto en los compradores.
- La publicidad en el punto de venta como los banners de productos de carácter permanente o temporal.
- Las demostraciones y degustaciones pueden provocar importantes incrementos de ventas. Estas se realizan para productos digitales como por ejemplo canciones y software.

- La disposición extensible a la página web está destinada a hacer sobresalir un producto del resto.
- La animación en el punto de venta es el conjunto de acciones promocionales que se celebran en un establecimiento durante un tiempo determinado con motivo de un acontecimiento particular. Por ejemplo: aniversario de la marca comercial, regreso a la escuela, día de San Valentín, etc.

MARKETING DIGITAL

El Marketing digital está permitiendo que las empresas puedan utilizar a través de Internet, el teléfono móvil y otros medios digitales para publicitar y comercializar sus productos, consiguiendo de esta forma nuevos clientes y mejorar su red de relaciones. El marketing digital abarca la práctica de la promoción de productos o servicios a través de la utilización de los canales de distribución electrónica para llegar a los consumidores de forma rápida, relevante, personalizada y con mayor eficiencia.

El marketing digital se traduce en las acciones de marketing (Estratégico, Económico y Operativo) adaptadas a los medios digitales con el fin de obtener en estos canales, la misma eficiencia y la eficacia de la comercialización tradicional y al mismo tiempo mejorar los efectos de la comercialización tradicional. En su funcionamiento, normalmente se utilizan los canales y herramientas de medios digitales.

El e-marketing se basa en el uso de tecnologías de la información y la comunicación (TIC) para crear, comunicar y entregar valor a los clientes y la gestión de proceso de relaciones con los clientes en formas que beneficien a la organización y sus grupos de interés (público objetivo).

Áreas y herramientas

Hay cientos de herramientas de marketing digital, sin embargo no todas son adecuadas para las diversas empresas y sectores. La clave del éxito es la combinación de marketing tradicional con la nueva herramienta en línea, para desarrollar un plan de e-marketing que se adapte a las necesidades y características de cada empresa.

- E-Marketing de Producto
- E-Research
- E-Pricing
- E-Promoción
- E-Audit

- E-Commerce
- E-Advertising
- E-Branding
- Marketing de E-Trade
- E-Comunica

E-Marketing de Producto

Marketing viral

El marketing viral es también conocido como palabra electrónica o "palabra de ratón" equivalente al *de boca en boca* del marketing tradicional, es una estrategia que permite que los mensajes comerciales se propaguen a un ritmo exponencial. Por lo general, designado autopropaganda de comunicación comercial. Un ejemplo clásico de un caso de éxito de marketing viral es Hotmail. Una de las primeras webs gratuitas de correo electrónico que, debido a la sencilla frase que aparecía en cada mensaje enviado a cada usuario "Consigue tu correo electrónico gratuito y privado en http://hotmail.com" en los primeros seis meses tras su lanzamiento alcanzó un millón de usuarios y después de un año y medio los 12 millones de usuarios, cuando fue vendida a Microsoft por 400 millones de dólares. La promoción de la película The Blair Witch Project es otro caso de éxito de marketing viral, una película con un presupuesto muy bajo, y que fue una de las películas más rentables y más vistas de la historia, debido a una divulgación on-line, que sugería que la película era un documental (que representaba acontecimientos reales) y la propagación exponencial de ese mensaje. Hay algunas técnicas que hacen que un mensaje de marketing viral se propague exponencialmente, una de las más importantes es que usted no este seguro, el destino, de la veracidad del mensaje, con el fin de despertar el interés y la curiosidad.

Search Engine Marketing

Search Engine Marketing (SEM), se aprovecha de los enlaces en los motores de búsqueda de pago, esta técnica se refiere a crear un máximo de enlaces patrocinados en los motores de búsqueda (como Google o Yahoo). Compre palabras clave relacionadas con la actividad, con un espacio muy limitado para establecer un texto con el que desea atraer la atención de los internautas con un vínculo al sitio, este medio tiene costos, pero puede dar mucho de retroalimentación. Search Engine Optimización (SEO) es una optimización natural, no comercial. Es diferente de la SEM.

Configuradores de productos on-line

Un configurador en línea está incorporado en la aplicación web, que permite al comprador potencial la posibilidad de personalizar el producto a través de todas las opciones disponibles. Tenemos muchos ejemplos de configuradores en línea, por ejemplo, en la industria de la automoción, donde se pueden configurar diversas opciones y accesorios de vehículos. Sin embargo, uno de los ejemplos más interesantes es el de Dell, que en 1996 comenzó a permitir a los clientes configurar su PC on-line.

Verificadores de productos on-line

Un escáner online es idéntico al configurador del sistema on-line, no tan centrado en la personalización, pero más centrado en mostrar el producto en todas las perspectivas posibles, a fin de permitir al usuario una experiencia más cercana a la real. Esta herramienta es particularmente útil para productos tales como ropa.

E-Research

VRM: Determinación de los perfiles de navegación

VRM o visitante Relationship Management es el arte de extraer el valor de la información de los visitantes, CRM (Customer Relationship Management) se basa en la recopilación de toda la información disponible sobre el cliente (obviamente identificarlo), no sólo para adaptar los productos y servicios, sino para darle lo que quiere comprar, VRM tiene por objeto complementar la información que CRM ofrece a los visitantes de datos agregados, cuya identidad nunca se sabrá. Aprovechando estos datos, como la segmentación por comportamiento, nos permite determinar cuál es su interés en los productos, ofreciéndoles información sobre cómo quieren recibir el pedido a través de la web, con el aumento de nuestras ventas online. Tal vez el caso más famoso de VRM es un ejemplo de la funcionalidad que permite a AMAZON recomendar libros, la navegación por perfil (más allá de los registros de compra.)

E-Encuestas

E-ENCUESTAS es una poderosa herramienta que ayuda a la investigación de mercado desde tres perspectivas diferentes:
- Apoyar la relación con los clientes, lo que le permite comprobar si los productos, servicios y precios realmente les satisfacen, así como profundizar en sus intereses, gustos y disgustos, y dirigirse a ellos con las ofertas más precisas y personalizadas.
- Ayudar en el proceso de evaluación, por lo que los servicios, la satisfacción y la segunda compra se puedan mejorar.
- Definir el entorno competitivo con el fin de lograr un mejor posicionamiento de la marca, y lograr propuestas diferentes y más poderosas que las de la competencia.

E-Precios

Las subastas electrónicas

Las subastas electrónicas son generalmente subastas directas, donde alguien ofrece productos o servicios para los usuarios en oferta ascendente (versión inglesa) o descendente (versión alemana). Sin embargo las subastas que son más populares para las empresas, no son las directas, son las subastas inversas. En una "e-subasta inversa" las empresas de subastas inversas adquieren productos o servicios en una licitación cerrada (cantidad y especificaciones) que teóricamente gana la mejor oferta, no sólo en precio sino también con las mejores condiciones comerciales. Un buen ejemplo del uso de las subastas electrónicas es la de British Airways, que en 2005 salvó £ 300 millones por el uso de las subastas electrónicas, sin embargo, la ventaja de utilizar la subasta electrónica no es sólo los costos, también determina la estructura de precios de la competencia, a través del análisis de sus ofertas.

Precio digital Provisionalización

Los algoritmos de e-marketing de productos que permiten a los servicios con plazos de cierre al lado se pueden ajustar electrónicamente a los precios para asegurar los costes fijos, dependiendo de la proximidad de la fecha de la transacción (los precios caen con la proximidad a la fecha de la transacción). El ejemplo más típico es un billete de avión. De acuerdo con una encuesta realizada por la Escuela Wharton, el precio de un billete de avión puede variar hasta un 78% dependiendo del operador y del momento de la venta. Además de utilizar los servicios del calendario de precios que también se usa ampliamente en productos perecederos, o para fines domésticos (como floristas on-line) o de negocios. En los mercados normalmente estos productos se venden con grandes descuentos cuando se acerque la fecha de vencimiento también. Uno de los mayores ejemplos de precios calendario es el caso de la aerolínea de bajo coste easyJet, establecida en 1995. Su fundador, creó recientemente el grupo easyGroup y amplía el concepto a otras empresas, EasyHotel, EasyCar, EasyPizza ...

E-Promoción

Puntos de Venta y de gestión

Puntos de venta y administración es un nuevo concepto de la venta inteligente. Minimiza el momento de la compra y maximiza la satisfacción, dirige a los clientes a los estantes donde pueden encontrar los productos que compran habitualmente. Ofreciendo de manera personalizada de acuerdo a las promociones de las ventas. La tecnología son las etiquetas inteligentes RFID etiquetas que se adhieren al producto que permiten su identificación a distancia, sin ninguna necesidad de contacto físico. Los beneficios adicionales son la optimización de la logística, almacenes, así como reducir al mínimo el robo y la piratería. Sin embargo, la principal ventaja es automatizar y personalizar las relaciones con los clientes, desde el punto de vista de la venta (acciones para evitar fallos) hasta el punto de vista de la gestión de la población. Hay varios ejemplos de empresas que utilizan esta herramienta, incluidas las grandes cadenas minoristas como Wal-Mart.

Cupones on-line

El objetivo final de esta herramienta no es diferente de los descuentos tradicionales. Los cupones en línea tratan de aumentar los compradores / visitantes, y trata que los clientes ocasionales se conviertan en clientes leales. Estas son las ventajas de los cupones en línea en comparación con las tradicionales. Marcas como Whiskas y Johnson & Johnson utilizan cupones en línea, con buenos resultados.

Podcasting

Podcasting consiste en la creación y distribución de archivos (normalmente audio en formato mp3) a través de RSS para que los usuarios pueden suscribirse al servicio y escuchar los ficheros donde y cuando quieren. Esta nueva tecnología se ha convertido en una herramienta de marketing siguiendo dos modelos diferentes:

- Desarrollo de podcasts cuyo contenido explica las características y beneficios de los productos de las empresas.
- El patrocinio de todo tipo de podcasts terceros cuyo patrocinio puede consistir en rutas de las empresas y / o productos.

Por lo general, estos archivos contienen video y audio, pero también pueden contener imágenes, texto, PDF, u otros tipos de datos.

E-Audit

E-CRM

Un sistema de CRM es un importante componente electrónico que ha llevado a varios autores a referirse a la E-CRM, sin embargo, en los últimos 10 años desde el primer CRM adoptado por empresas pioneras, las actividades on-line generaron una revolución en el mundo de los negocios, sólo comparable con la revolución industrial del siglo XIX. Por lo tanto, necesitamos un enfoque en "y" e-CRM: el aumento de los datos tiene su procedencia en los canales digitales, que tienen cada vez más importancia en las empresas de marketing estratégico. Las principales diferencias entre CRM y e-CRM son:

- Disponibilidad;
- La limitación de la ventana de tiempo frente a 365 (días) x 24 (horas);
- Accesibilidad, las limitaciones geográficas y técnicas vs el acceso universal;
- Canales, teléfono, fax, fuerza de ventas, etc. frente a Internet, teléfono celular, PDA, etc;
- La interacción, la necesidad de intermediarios frente a la autogestión;
- Integración, limitado y locales frente amplia y completa;
- Limitado por el costo vs insignia debido al desarrollo tecnológico... cada función contribuye a un sistema más eficiente.

E-GPRS

Gross Rating Points (GRP) es la suma de las calificaciones logradas por un canal de comunicación específico o tiempo. Representa el porcentaje de público objetivo alcanzado por un anuncio. El GRP es una medida del impacto de una campaña, es igual a la tasa de cobertura (alcance) por la tasa de repetición promedio (OTS - oportunidad de ver), con: cubierto (Reach) el número o porcentaje (en este caso % es la tasa) de los individuos de la audiencia objetivo que estuvieron expuestos al "mensaje" al menos una vez durante la campaña, y la tasa de repetición de la

OET o el número de veces que, en promedio, el consumidor potencial fue expuesto al "mensaje" de la campaña. Sin embargo, en Internet GPRS todavía no se puede comparar con los medios de comunicación como la televisión (TV), ya que el número de personas con acceso a Internet es más bajo que el de las personas que ven la televisión y el concepto mismo de GPRS, que tiene que ser adaptado para ser eficaz en los medios digitales a fin de ser correctamente medida la campaña de marketing. La conexión GPRS electrónica (E-GPRS) o iGRPs ("i" interactivo), es calcular el número de usuarios únicos (diferentes visitas: número de visitantes que acceden a un sitio web en un período determinado de tiempo, a partir de una única dirección IP, si un usuario visita el mismo sitio dos veces en el mismo período sólo se considera un visitante) se logrará a través de cualquier canal en línea y se correlaciona con la cantidad de impresiones. Lo que crea una relación (E-GPRS) que se puede comparar con el GPRS tradicional, lo que permitirá el retorno de la inversión (ROI) de la campaña de marketing y se puede optimizar. La compañía Procter & Gamble, en cooperación con la firma Nielsen NetRatings, desarrolló un proyecto "Proyecto Apolo" con el fin de medir el éxito de las campañas que integran los medios digitales y tradicionales.

El comercio electrónico

Mercado

Maketplace (digital o de la comunidad de comercio electrónico) es un punto de encuentro entre empresas para comprar o vender productos o servicios. Emerge como consecuencia del interés común en la búsqueda de nuevos modelos de negocio, más eficientes. B2B Comercio (empresa a empresa).

Se pueden clasificar en dos grandes grupos:

- Mercados Verticales - se especializan en ofrecer servicios a una industria;
- Mercados Horizontales - el corte en todas las industrias.

Usar Marketplaces proporciona muchos beneficios, tales como, la cooperación, la automatización, estandarización y transparencia. Proporciona los contenidos y servicios que permiten a las empresas mejorar los procesos de comercialización y calidad.

- Contenido - Guía de empresas, catálogos de productos e información sobre los mercados específicos.
- Servicios - sector financiero, la logística, el comercio y los servicios.

Portales de comercio electrónico

El objetivo de vender por Internet es ofrecer a los usuarios de servicios un valor añadido con el fin de convertirlos en clientes y que los clientes se conviertan en consumidores leales. La recopilación de la información pertinente es fantástica a la hora de generar valor añadido. La cadena de supermercados española Caprabo cuenta con una red de más de 600 supermercados, pero las ventas a través de su portal de comercio electrónico están siempre entre los 3 primeros puestos.

E-publicidad

La publicidad contextual

La publicidad contextual es una herramienta de marketing, que es la integración de los enlaces de los anunciantes (acompañados de textos atractivos) en las páginas web con contenido relacionado, lo que permite una segmentación mejorada. Esta técnica es muy similar a la Search Engine Marketing (SEM), y al uso de motores de búsqueda.

Bluecasting: marketing de proximidad

La tecnología Bluetooth permite la interconexión inalámbrica de cualquier tipo de dispositivo móvil que disponga de esta funcionalidad, tales como teléfonos móviles, PDA, PC portátiles, cámaras digitales, reproductores de medios portátiles de tipo I-pod, etc. Cada dispositivo Bluetooth tiene un identificador único, que hace que sea posible que reciba contenido personalizado. Esto significa que con un servidor de bluetooth se puede aumentar el potencial de la publicidad gratuita, enviando a todas las personas que pasan con sus equipos de información personalizada. Un ejemplo es la empresa Carling, empresa líder de cerveza en el Reino Unido, que utilizó esta herramienta para distribuir la canción promocional para sus clientes y clientes potenciales en una de sus campañas.

Los anuncios rich media

Los banners tradicionales con animaciones cíclicas están a punto de convertirse en instrumentos de bajo costo. Están siendo reemplazados por una nueva generación de propaganda visual llamada Publicidad con medios dinámicos, en la que sea una mezclan los juegos en línea, Internet y anuncios de televisión (aumenta CTR). Se trata de una nueva herramienta de publicidad online basada en la contratación de espacios comerciales en los medios digitales, con contenido streaming de vídeo con las últimas técnicas de animación, así como el software descargable con que puede interactuar.

Avatar de marketing

Se trata de una segunda identidad con la que un usuario decide representarse a sí mismo en un mundo virtual. Esta identidad consiste en una representación 3D del usuario, basándose en la ropa, el aspecto y las características de comportamiento definidas por sus recursos humanos. Second Life "La otra vida" es el más popular de estos mundos virtuales, siendo otro ejemplo farmvile.

El email marketing

El correo electrónico es uno de los servicios de Internet más utilizados. Lo primero que el 83,7% de los usuarios de Internet hace es revisar su correo electrónico. En las empresas el correo electrónico es ahora esencial para su comunicación diaria, y su funcionalidad principal es ser una de las herramientas más poderosas de todos los tiempos, siendo sencillo, barato y eficaz. Abundan las historias de éxito, sin embargo, nos podemos referir a la Universidad de Nueva York, que a partir de 2001 comenzó a vender su trabajo a través de correo electrónico, y que va a ahorrar $ 300,000 dólares al año, con un aumento de los ingresos de un 15% y la reducción del uso de recursos internos en un 80%.

E-branding

Webs 2.0

Web de segunda generación, donde el concepto es la Web como plataforma de servicios en la comunidad e Internet, con un énfasis en la colaboración y el intercambio de información. Hace más de 10 años los sitios web eran una especie de tarjeta de visita sofisticada. La tecnología ha permitido la evolución de este concepto para convertir los sitios iniciales en verdaderas herramientas de e-branding: no se requiere la venta on-line, a veces, la verdadera clave del éxito es ser capaz de inducir al visitante a comprar por un canal diferente. Para lograr este objetivo, nada mejor que los usuarios conozcan el negocio a través de sitios de medios interactivos y sociales para que puedan tomar un papel activo en el desarrollo de contenidos.

Blogs corporativos

Un Blog, también conocido como weblog o "diarios de navegación", es un sitio en un formato abierto que define la periodicidad y presenta contenido de uno o varios autores sobre diversos temas. El contenido está disponible cronológicamente y los lectores pueden interactuar a través de diversas herramientas (por ejemplo, comentarios "post" para cada nueva entrada), sin embargo el autor o el administrador tiene la autonomía para gestionar este proceso (por ejemplo, eliminar comentarios que no consideran apropiados). Hay varios tipos de blogs: personales, de periodismo, de empresa, de tecnología, de educación, etc. Los blogs corporativos son los más relevantes para las empresas, se crean con el apoyo de las empresas, para ayudarlos a alcanzar sus objetivos y ayudan a fortalecer la imagen de marca, posicionamiento, comunicación interna y externa. Un ejemplo exitoso es el Blog de Barbie (muñecas) cuando el fabricante coloca los valores que quiere transmitir en "boca" de las propias muñecas, para así poder llegar a su segmento objetivo con mayor eficacia.

Juegos de marketing on-line

Mientras que con fines recreativos son una de las razones clave para el uso de Internet, parece claro que uno de los mejores canales para la transmisión de mensajes con virus es a través de juegos en línea. Los juegos en línea están aumentando en un 25% por año, y son la quinta actividad de los usuarios que pasan más tiempo. Sin embargo los juegos en línea están más orientados a la imagen de marca que para el maketing viral: la idea es que los usuarios puedan volver a enviar un enlace a una empresa / producto relacionado (por ejemplo, juego creado por la empresa, alusivo a la marca de la empresa) con el juego viral. Un caso de éxito es la marca de Nabisco Oreo. Esta marca tuvo una caída en las ventas a partir de 2000 debido a las preocupaciones acerca de la obesidad (niños y adolescentes), sin embargo en el año 2003 introdujo medidas para revitalizar el consumo, sobre todo un juego en línea diseñado para niños con el fin de recuperar su popularidad como "top of mind" con ese objetivo. El juego en línea, con un promedio de 7 minutos por usuario fue un éxito y la marca recuperó la caída en las ventas, volviendo al volumen habitual de ventas.

Comercio e-marketing

La comercialización del afiliado

Es un tipo de marketing en el que una empresa (publicidad) recompensa (puede ser financieramente) al afiliado (editor) para la canalización de los clientes potenciales a través de enlaces a su sitio web. Estos hipervínculos pueden tener dos objetivos diferentes: de venta directa, o simplemente redirigir potenciales usuarios interesados a la página web de la empresa (publicidad). Los programas de afiliados puede tomar dos modelos:

- Por clic - cuando un usuario hace clic en el enlace de afiliado gana un cierto valor.
- Por venta - cada vez que se realiza una venta el afiliado gana una comisión.

Infomediarios y cybermediation

Un "Infomediario" normalmente actúa a través de una página web y ofrece información especializada para los clientes y las empresas en un sector o industria en particular. Recopila, analiza y distribuye toda la información relevante sobre el mercado. Aunque hay varias formas de "infomediarios" su propósito es atraer a los compradores y vendedores potenciales hacia el mismo sitio, su sitio web. El más famoso "Infomediario" Froogle fue lanzado por Google, y se basa en el mismo principio que la herramienta, busca en todo Internet los productos y las tiendas.

E-comunicación

Sitios de los grupos de interés

Esta herramienta incluye todos los tipos de sitios web dirigidos a los grupos de interés: accionistas (a través de minisites específicos dentro de las sociedades), empleados (a través de Intranets) y distribuidores (extranets, a través de sitios semi-privados puede comprobar pedidos, etc.) Una intranet LAN ofrece un tipo de herramientas de Internet para simplificar y mejorar las operaciones en los informes, consultas, etc, con el fin de aumentar la productividad del personal, y también es una excelente herramienta a nivel de comunicación interna en un grupo de trabajo. Una extranet (intranet extendida) es una VPN (Red Privada Virtual), que resulta de la interconexión de dos o más intranets de diferentes empresas y que utiliza protocolos de Internet, la transmisión de minisites están dedicados a proporcionar toda la información necesaria para la gestión de sus inversiones. Un ejemplo exitoso de extranet es la de Walmart, la principal cadena de supermercados en los EE.UU. que tiene esta posición de liderazgo en parte debido a la información compartida en tiempo real con los proveedores.

Redes de contactos profesionales

Las redes de contactos profesionales, cuyo ejemplo más famoso solía ser LinkedIn y Plaxo son una de las varias redes sociales como Archifamous, MySpace y Facebook. Las redes sociales de ocio fueron las primeros en aparecer y una vez que su poder fue claro, la comunidad empresarial no tardo mucho tiempo en tratar de aprovechar este potencial y nacieron las redes de contactos profesionales. Estas redes de contactos profesionales son un trabajo basado en un enlace de invitación, que une a todos los contactos de negocios en una sola cuenta. Por lo tanto, un variado número de empresas que no eran visibles en el mundo real, a través de contactos profesionales retirados de una cuenta (puede ser un cliente, proveedor, distribuidor, etc.) pueden conocerse.

Comunidades empresariales virtuales

Cuando un número razonable de personas pretende abarcar un tema durante un tiempo considerable desde la red, utiliza una Comunidad Virtual, desarrollando así las relaciones personales. Al clasificar una Comunidad Virtual debe tener cuidado en distinguir el usuario o grupo (vertical, horizontal o geográfico, cuyos temas se fijan de acuerdo a los usos y áreas de trabajo de la empresa). Coca-Cola es una de las historias de éxito en el uso de esta herramienta, la creación de comunidades virtuales (a veces con millones de usuarios), que ofrece la posibilidad de chatear, jugar, o intercambiar los cupones promocionales.

Rss vs listas de distribución de comercialización

RSS (Really Simple Syndication) Marketing nació como un servicio para actualizar a los visitantes de los blogs los mensajes más recientes sin tener la necesidad de visitar constantemente weblogs. Cuando un cliente o potencial cliente firma un RSS de una compañía específica, recibirá esta información en un formato de texto simple, sin la necesidad de proporcionar su dirección de e-mail. Un ejemplo del uso de esta herramienta es la agencia de viajes online eDreams para comunicar las últimas ofertas a sus clientes potenciales, no es necesario visitar la agencia para recibir ofertas que mejor se adapten a sus intereses.

CONOCIENDO LA WEB

La Web 2.0, un concepto diferente

Desde sus inicios (hacia el año 1990) la World Wide Web (la WWW o simplemente la Web) ha sido un fenómeno creciente hasta convertirse en un instrumento de uso cotidiano en nuestra sociedad, comparable a otros medios como la radio, el teléfono o incluso la televisión.

Las primeras páginas web eran simples documentos HTML colgados en un servidor que tan sólo ofrecían información y la web era entendida en sus inicios como una gran biblioteca a la que se podía acceder desde cualquier rincón del mundo. Eran las universidades las que acostumbraban a colgar en Internet páginas relacionadas con proyectos tecnológicos y científicos, pero rápidamente se extendió hasta otros sectores de la sociedad, como por ejemplo las empresas y los ciudadanos. No tuvieron, sin embargo, un uso más generalizado hasta más adelante con la aparición de nuevas tecnologías que permitían dinamizar el contenido de las páginas.

Las primeras páginas eran estáticas, es decir, no cambiaban según el usuario que entrara o según las condiciones del momento en que entraba, sino que tan sólo ofrecía información que se actualizaba cuando el administrador la actualizaba. La interacción del usuario con la página o con el administrador, pues, era nula. Quién visitaba una página era un simple espectador, y la única manera que tenía de contactar con el administrador era con el correo electrónico que acostumbraba a dejar este en algún lugar de la página web.

Cuando la WWW se hubo incorporado a la sociedad debido a la bajada de los precios de los ordenadores y de Internet, las empresas buscaron ofrecer sus servicios en Internet y apareció la necesidad de dinamizar las páginas, es decir, hacer que cambiaran según la situación o los datos que se les introducían. Así pues, aparecieron los primeros CGI programados, entre otros, Java y Perl. Eran pequeños programas que modificaban las páginas según la información que le hubiera pasado el usuario, según la información que hubiera en una base de datos o según los datos que le ofrecía el servidor, como la hora o la fecha. Se ejecutaban en el ordenador servidor, el ordenador que envía la página web al navegador para ser visualizada.

Así pues, aparecieron los primeros buscadores, Yahoo en 1996 y Google en 1998, ya se podía ver el correo electrónico desde la web, así como las estadísticas de visitas sin que el administrador de la web tuviera que colgarlas y actualizarlas cada poco tiempo. También aparecieron los primeros gestores de contenidos que permitían al administrador modificar la página desde ella misma, sin tener que volverla a colgar, o modificar el comportamiento del servidor también desde la misma web. Los usuarios ya podían hacer sus primeras contribuciones en las páginas con lo que se denominaba libros de visitas y los comercios proliferaban en Internet, hinchando así la llamada burbuja puntocom, puesto que el usuario ya podía seleccionar y pedir lo que quería, y hacer que se lo enviaran a casa desde la misma web. La web evolucionó de este modo a la web de los servicios.

Estas tecnologías han ido evolucionando, algunas han sido sustituidas por otras y han aparecido nuevas, como por ejemplo Javascript o Flash Player. Javascript es un lenguaje de programación que ya permitía dinamizar las páginas desde el mismo ordenador cliente, y desde el mismo navegador, desde el año 1995, que ha evolucionado y ahora incorpora el objeto *XMLHTTPRequest* que permite comunicarse con el servidor sin tener de recargar la página, una característica que mejora mucho la experiencia web. El Adobe Flash Player es un plug-in que desde la versión 6 puede reproducir vídeos incrustados dentro de páginas web y que ha hecho proliferar lugares como YouTube.

La sociedad se ha volcado de lleno en Internet y han surgido webs de redes sociales como MySpace, aparecida a finales de 2003 o Facebook que lo que pretenden es hacer conocer gente a sus usuarios promocionando los círculos de amigos y que han conseguido situarse entre las páginas web más visitadas de todo Internet.

También hay que destacar la aparición de una multitud de blogs donde los autores explican su opinión sobre diferentes asuntos y que están revolucionando los medios de comunicación tradicionales. Destaca la facilidad de hacer uno por cualquier usuario de la red, siendo gratuito tanto el alojamiento como el dominio y sin que su creación requiera conocimientos de HTML, como sí se requerían en las primeras webs descritas antes.

Es innegable que la Web ha hecho un salto cualitativo donde se da importancia a la cooperación del usuario. Los estudiosos de la Web han denominado a este paso como la evolución a la *Web 2.0*, a la Web social.

Las nuevas tendencias

Web 2.0 es un término acuñado en 2005 por Dale Dougherty de O'Really Media y Craig Cline de MediaLive para referirse al cambio tecnológico y social que está sufriendo toda la Web. El "dos" lo usan para referirse a la segunda generación de páginas web, y el "punto cero" final es la forma en que se acostumbran a dar las versiones de los programas en informática, un punto cero es la primera versión y cada actualización del programa pasa al siguiente número hasta que se produce un cambio muy significativo y se cambia la versión, el número de delante.

En San Francisco se hacen anualmente conferencias sobre la Web 2.0 desde 2005 donde se reunen los pioneros y estudiosos de la Web. Durante estas conferencias se realizan talleres relacionados con la Web 2.0 y se debaten temas relacionados con ella.

Cuando hicieron su primera conferencia, no definieron el concepto, sino que expusieron ejemplos de lo que se hacía antes, en la Web 1.0 (las primeras webs) y 1.5 (la Web de los servicios), y lo que se hace con la Web 2.0. Así pues, mp3 pertenecía a la

Web 1.0 y Napster a la Web 2.0, Ofoto a la 1.0 y Flickr a la 2.0, la Enciclopedia Británica a la 1.0 y la Wikipedia a la 2.0.

Con la lista, sin embargo, no se refieren a las webs en sí, puesto que también se comparan algunas aplicaciones de escritorio, sino a su filosofía. Se comparan, por ejemplo, el Netscape, un popular navegador en su tiempo pero que ya se ha abandonado su desarrollo, y el Google, el popular buscador. Los dos cotizaron en bolsa muchos millones en sus respectivos tiempos de gloria, pero Netscape no ha sobrevivido, al igual que otros muchos servicios de la Web 1.0, porque no se han sabido adaptar a la Web 2.0. O'Really dice que la diferencia que ha hecho sobrevivir a uno y al otro no ha sido que Netscape no fue una aplicación nativa de Internet sino una aplicación de escritorio, y que Google nunca ha sido empaquetado, siempre entregado como servicio, siempre mejorando, el *beta perpetuo*. Ninguna licencia o venta, sencillamente uso.

Blogs y Podcasts

Con la aparición de la Web 2.0 se sustituyen las páginas personales por los blogs. La blogosfera ha crecido y todavía está creciendo hoy en día de una manera exponencial. Realmente un blog no se distancia tanto de una página personal. Podríamos decir que es una página en formato de diario con una organización de la información cronológica. "Parece una diferencia trivial", dice Rich Skrenta, "pero conduce a una cadena de reparto, publicidad y de valor completamente diferente".

Con los blogs, como decíamos, cualquiera puede dar su opinión o informar sobre una noticia dando un punto de vista personal y quizás diferente del que dan los grandes medios. Todo de una manera gratuita (no hace falta ni pagar dominio ni alojamiento) y sin requerir conocimientos de creación de páginas web. Lugares como Blogger o Wordpress los ofrecen de una manera muy simple permitiendo elegir el nombre del blog y una plantilla entre unas cuántas opciones, y ya tienes el blog disponible para empezar a publicar. En este proccso, pues, destaca la simplicidad, otra característica de la Web 2.0. Lo que diferencia, sin embargo, una homepage de la antigua Geocities con un blog de la actualidad no es ni la gratuidad del servicio ni los pocos conocimientos de HTML. Geocities ya ofrecía el dominio y el alojamiento gratis, y también disponía de un tipo de plantillas para poder hacer las páginas de tu lugar. En palabras de Rich Skrenta, lo que hace que el blogging haya supuesto un fenómeno de masas ha sido que el blog es una web viva, o web incremental. Es actualizado constantemente con nuevos artículos que se van situando en la parte superior de la página, de forma que lo primero que se ve al entrar es lo último que se ha publicado.

Esto ha provocado que sus lectores se puedan subscribir y que reciban notificaciones cada vez que se publique una nueva entrada en alguno de los blogs al que está subscrito. De este modo el lector pasa de ser un inmigrante digital a ser un nativo que es notificado cuando hay una actualización, visita la página, deja, si quiere, un comentario (de alguna manera participa) o incluso responde a la entrada con una nueva entrada a su blog. Esta sindicación (suscripción) se consigue con una nueva tecnología llamada RSS.

Los podcast son otra tipología de blogs que también puede crear cualquier usuario de Internet pero que en lugar de escribir lo que hace es narrar. Los podcast son ficheros de sonido donde el autor expone (cómo si de un locutor de radio se tratara) un tema determinado. También se pueden subscribir con RSS y descargar con programas reproductores de música para escucharlos en el ordenador o en un reproductor portátil (Mp3 o iPod). Son menos abundantes que los blogs debido posiblemente a ser menos conocidos, a ser más difíciles de grabar o al ancho de banda y espacio en el servidor que requieren estos archivos de audio. Las emisoras se han apuntado al movimiento y algunos programas de radio ya sacan en sus páginas web grabaciones de programas ya emitidos por la radio, y de este modo la audiencia se los puede bajar y escuchar en cualquier momento. Reciben, sin embargo una fuerte competencia de otros podcasts que nunca serían emitidos por la radio tradicional. Se consigue, de alguna manera, una democratización de los medios, tanto con los blogs como con los podcasts.

Nubes de etiquetas

También ha cambiado el modo de organizar la información. En la web 1.0 y 1.5 la información era organizada de una manera similar a un árbol, con categorías, o mejor dicho, con directorios. De este modo, el usuario navegaba por ellos cómo si se trataran de las carpetas de cualquier entorno de escritorio.

Las nubes de "tags" (etiquetas en inglés), en cambio, son otra forma de organizar y asociar diferentes contenidos de nuestra web como por ejemplo texto, música, imágenes o vídeo, pero el uso más extenso de este sistema es etiquetar los artículos de los blogs.

Cada uno de estos contenidos es etiquetado con una o más etiquetas ("tags") que ya se han usado anteriormente en otros contenidos o con etiquetas nuevas que se consideran convenientes para aquel contenido en concreto.

Las nubes de "tags" se pueden encontrar normalmente dentro de una sección de la página principal del lugar pero también pueden aparecer en otras páginas de la web. En ellas aparecen todas las "tags" utilizadas hasta aquel momento, con frecuencia ordenadas alfabéticamente, y marcando con el tamaño de la letra, con su grosor e incluso a veces con su color cuales son las etiquetas más utilizadas.

Estos enlaces conducen directamente hasta una lista de los artículos (o de los contenidos en el caso de la música, las imágenes...) que están etiquetados con la tag seleccionada, independientemente de que estos estén etiquetados con otras etiquetas además de esta.

El objetivo al etiquetar, pues, es intentar reutilizar el mayor número de etiquetas ya existentes para hacerlas crecer en la nube. Las etiquetas no pueden ser términos demasiado genéricos puesto que entonces pertenecerian a todos los artículos, pero tampoco términos demasiado restringidos con los que no sea posible rectiquetar otros contenidos. Lo ideal es que un usuario cuando entre en una web con una nube de etiquetas y lo lea vea cuales son los contenidos de que trata aquella web y cuales son los que trata con más frecuencia.

Han surgido también lugares que relacionan automáticamente contenidos similares gracias a las tags que meten los usuarios en los contenidos, y no las que meten los autores, como del.icio.os, que relaciona páginas web o Last.fm, que relaciona música.

La larga cola

Otra comparación que se hace es DoubleClick (Web 1.0) y AdSense de Google (Web 2.0). Ambos son servicios web que se implementan en páginas para hacer publicidad de otros lugares. Los publicistas entran en sus respectivas páginas y pagan para que aparezca publicidad suya en las páginas que tengan implementado su servicio. Por su parte, estas páginas cobran cada vez que se visitan (DoubleClick) o cada vez que un usuario hace clic sobre el enlace patrocinado (AdSense).

Si ordenasemos de mayor a menor popularidad los lugares que hay en la web, nos encontrariamos con un gráfico como este. AdSense se situa en la larga cola mientras que DoubleClick se queda con la cabeza.

DoubleClick buscaba hacer publicidad en las páginas más visitadas según las estadísticas y tenían, por lo tanto, una manera de ver Internet que les impidió imponerse. Para ellos, Internet era controlado por unas pocas páginas y los usuarios eran simples consumidores, sin ninguna opción a la participación. Para tener publicidad en una página se requería de un contrato formal que tan sólo ofrecía mercado a unos pocos miles de páginas grandes.

Google AdSense, en cambio, es el servicio de publicidad más usado en la actualidad. Esto es debido a que en lugar de apoyar a los grandes lugares de Internet, han intentado estar en todos, por pequeños que sean. Desde su página, Google AdSense anima a meter un código personalizado en la página web de quien quiera, administrador o blogger. Tan simple como registrarte (dando tu cuenta bancaria para cobrar) y un simple "copiar y enlazar" y ya tienes el servicio funcionando en tu web a modo de mashup. Además te da muchas capacidades de personalización (tanto de color como de medida) que hacen que los anuncios se integren de una manera mejor a la página, de manera no intrusiva, abandonando los sistemas tradicionales de publicidad, banners y popups.

Google AdSense, al contrario que DoubleClick, comprendió que, por palabras de Chris Anderson, Internet es dominado por el poder colectivo de los lugares pequeños que conforman la mayoría del contenido de la Web. Según él se tiene que apoyar a la larga cola (*the long tail*) y no tan sólo a la cabeza, a los extremos, y no tan sólo al centro.

Inteligencia colectiva

Y por último, queda exponer otra de las bases de la web 2.0: La colaboración.

Con la Web 1.0, los usuarios eran tratados como simples lectores que con lo único que podían colaborar con las páginas web era usándo el correo electrónico. La participación directa era nula.

Con la llegada de la Web 1.5 (gracias a la inclusión de CGIs), aparecieron los primeros libros de visitas donde los usuarios podían dejar comentarios de que lo que parecía la web en cuestión. Aún así seguían siendo los administradores los que controlaban el contenido de las páginas, desde gestores de contenido que les ofrecían el nuevo dinamismo de la página.

Un gestor de contenido en torno a una web es una herramienta que tiene el administrador para modificar su página on-line. Fue un gran adelanto en su tiempo, puesto que ya no hacía falta tener instalado en el ordenador un cliente FTP para descargar, modificar y volver a subir los archivos que configuran la página. Ya se podía modificar la web desde la misma web.

Ahora, con la Web 2.0, los usuarios toman un papel completamente activo, y en algunos casos incluso tienen la libertad de modificar las páginas. Es el caso de las wikis.

Un wiki gestiona el contenido de una manera muy diferente. Se trata de un lugar web colaborativo que da total libertad al usuario para que cree, modifique, edite, elimine y vuelva a versiones anteriores sus artículos desde el mismo navegador. Son una herramienta muy efectiva para la escritura colaborativa de cualquier proyecto. Hay muchos proyectos de software libre que tienen wikis en su página y que animan a los mismos usuarios a dar nuevas ideas para mejorar los programas, o para hacer documentación o tutoriales para saberlos manejar.

Puede parecer que una página web en donde cualquiera pueda modificar y meter lo que quiera es propensa a contener errores incluso malintencionados (conducta llamada vandalismo). En realidad sí que pasa, pero la misma comunidad los detecta y los corrige (retrocediendo a la versión anterior del artículo).

Un claro ejemplo de wiki es la Wikipedia. Esta surgió como un experimento en enero de 2001 dando total libertad y confianza al usuario para modificar sus artículos y ha resultado ser el wiki más grande y a la vez el más popular y conocido. Es la enciclopedia con más artículos, superando, incluso, el *Encyclopædia Britannica*, que ya tiene 240 años de historia.

La causa por la cual la Wikipedia ha triunfado de este modo ha sido porque ha aprovechado la Inteligencia *Colectiva* de sus usuarios. Además, al no tratarse de un proyecto que proteja la propiedad intelectual, no está limitada la reutilización ni impide la experimentación. El conocimiento de la Wikipedia es libre, siguiendo la Licencia *de documentación libre GNU*, propuesta por Richard M. Stallman, la figura más relevante del movimiento por el Software Libre.

Las nuevas tecnologías

Con la Web 2.0, las nuevas tecnologías van cogidas de la mano de las nuevas tendencias. Es el caso de la sindicación RSS, AJAX, los Mashups, los microformats y el OpenSearch, que, a pesar de que no todas son nuevas, es ahora cuando se están utilizando con más fuerza.

RSS y Atom

Cómo ya digimos antes, una de las cosas que ha hecho que los blogs sean tan populares es la sindicación. Esta sindicación es una forma de redifusión (redistribución) de la información que se da gracias a la tecnología RSS y Atom.

El RSS y el Atom son dos lenguajes derivados del XML que sirven para describir los últimos cambios que ha sufrido una web que se actualiza regularmente con nuevos contenidos. Atom es posterior al RSS y surgió para resolver la confusión creada por la existencia de otros estándares para la sindicación (en aquel tiempo RSS y RDF). Actualmente conviven tanto el RSS como el Atom, y el RDF se ha destinado para describir documentos de la Web Semántica.

Así pues, si una página ofrece una fuente (*feed*) RSS/Atom, se puede subscribir desde el mismo navegador o desde un agregador de escritorio (programa especializado en leer RSS) y de este modo recibir notificaciones cuando se actualiza una página con un nuevo contenido y no tener que entrar constantemente para verlo con el navegador. Cómo en estos archivos también se incluye el contenido de las actualizaciones, se puede leer el contenido nuevo sin necesidad de abrir la página, o incluso sin necesidad de abrir el navegador si se está usando un programa específico para su lectura (denominados agregadores).

El contenido de uno de estos archivos RSS está estructurado según un XML y sigue una definición del documento propia. Así pues, lo que acostumbran a contener es lo siguiente:

1. La versión de XML, la codificación de caracteres y la versión del RSS (terminos que tan sólo usa la máquina, normalmente el usuario los desconoce).
2. Descripción del canal, donde se puede definir el título, el link a este, una descripción, el lenguaje, etc.
3. Una imagen opcional, que si se decide poner se pueden incluir una descripción, un título, la URL (la dirección) de la imagen, esta obligatoria, un link por si el usuario hace clic y la altura y el ancho de esta.
4. Finalmente aparecen los últimos contenidos de la página a la que pertenece el RSS. De estos se expone un título, una descripción, un link y si se desea se puede incluir una fecha de publicación, una categoría y otros conceptos que varían según la especificación del lenguaje usado.

La sindicación de nuevos artículos de los blogs, o de nuevos comentarios, o de noticias a páginas de prensa o incluso suscripciones en bolsa son ejemplos del uso que se hace del RSS.

Informar al navegador de que la página tiene un *feed* es tan fácil como incluir una etiqueta como esta dentro de la misma página (cambiándole, claro está, los valores en cursiva):

```
<link href="http://url_del_feed.com" title="Título del Feed" type="application/rss+xml" rel="alternate"/>
```

Internet, la red de redes

Cuando hablamos de Internet hablamos de una gran red de ordenadores interconectados entre ellos enviando y recibiendo información desde cualquier lugar del mundo. Tradicionalmente se ha accedido a él desde el cable del teléfono, pero este método se ha ido sustituyendo con los años por conexiones más rápidas como el ADSL. También se ha experimentado acceder a él a través de la red eléctrica, lo cual facilitaría mucho su acceso en países del tercer mundo, con una conexión inalámbrica por satélite o desde los módems proporcionados por las empresas de telefonía móvil.

Cuando un ordenador está conectado a la red y puede descargar información de esta, decimos que se trata de un ordenador cliente. Estos clientes, pues, envían peticiones a otros ordenadores llamados servidores para recibir la información que contienen, o al menos, una parte de esta.

De estos servidores lo hay de correo (los servidores POP y SMTP), de aplicaciones (usualmente trabajando con Java) y de FTP (para la transferencia directa de ficheros), pero son los servidores HTTP los más comunes y utilizados. Estos servidores son los que proporcionan las páginas web a los ordenadores de los usuarios (ordenadores clientes) que utilizan programas específicos para visualizarlas, los navegadores.

Así pues, la Web (World Wide Web o WWW) no es sinónimo de Internet, sino que es el servicio más utilizado de este y lo utiliza como medio de transmisión. La Web, por su parte, es un sistema de información mucho más reciente que apareció a principios de los 90 desarrollada inicialmente por Tim Berners Lee, que actualmente dirige el World Wide Web Consortium (W3C).

Los tres grandes pilares de la Web

Ya desde sus inicios, cuando Tim Berners Lee estaba estudiando el CERN y desarrolló el primer navegador y alojó en el primer servidor las primeras páginas web describiendo el proyecto, la World Wide Web ya estaba basada en tres estándares básicos y esenciales que han perdurado hasta nuestros días, a pesar de ir sufriendo algunos cambios.

En una red descentralizada como Internet era importante darle un nombre a cada una de las páginas que la componían para acceder y también para enlazar desde otras páginas. Así pues, se desarrolló el Localizador Uniforme de Recursos (URL) que es una serie de carácteres que describen la ruta a seguir para acceder a un documento de la Web. La estructura básica de una URL es *http://www.dominio.com/directorios/elemento.html*.

El *http://* describe que al servidor se tiene que acceder con el protocolo HTTP, otro de los pilares de la web. También están disponibles, otros protocolos como pueden ser el *mailto://* para el envío de correos, el *ftp://* para la transferencia de ficheros, *hilo://* para el acceso a los ficheros del mismo ordenador, entre otros.

El *www* fue un subdominio muy común pero está cayendo en desuso. Actualmente hay muchos lugares que prescinden de él o que simplemente meten otro. También se ha asignado un subdominio diferente para cada sección de la página cómo es el ejemplo de http://www.google.com/ para el buscador y http://mail.google.com para el servicio de correo GMail.

El *dominio.com* es el nombre identificador inequívoco del servidor que permite localizarlo dentro de la red. En realidad no es este quien lo identifica sino que es una dirección IP, y el nombre de dominio tan sólo actúa como intermediario para que la dirección sea más fácil de recordar (una dirección IP son tan sólo son números, como 87.111.81.182).

Una vez localizado el servidor, lo que falta es identificar el fichero dentro de su sistema de archivos. Si el archivo está dentro de la misma carpeta raíz, el *elemento.html* se liga directamente al dominio (*http://www.dominio.com/elemento.html*), y si el

elemento.html tiene el nombre de index.html no hace falta meterlo, es decir, es el mismo
http://www.dominio.com/directorios/index.html que
http://www.dominio.com/directorios/ y
http://www.dominio.com/index.html que
http://www.dominio.com/.

Para registrar un dominio hay que pagar a un proveedor de dominios que trabaje con alguna organización registradora como la ICANN o la IANA.

Además de identificar los elementos de una manera fácil de recordar rechazando las direcciones IP de los servidores, hacía falta un método para transferir de un ordenador a otro los datos, y por esto se desarrolló el protocolo de transferencia de hipertexto (HTTP).

Este protocolo utiliza una arquitectura como la descrita anteriormente de cliente-servidor, con la que el cliente hace una petición y el servidor le transmite una respuesta, normalmente una página web (a pesar de que actualmente también es común tan sólo responder con una respuesta al objeto XMLHTTPRequest, ya explicado antes cuando hablamos de AJAX).

Los dos métodos más utilizados de transferencia son el GET, que transfiere los datos en forma de variables con la misma URL, y el método POST, que no lo envía por la dirección URL y que permite transferir más datos.

Ha surgido una variante del HTTP, el HTTPS, que transfiere los datos de una manera codificada para garantizar la seguridad y la confidencialidad, utilizando un estándar abierto de codificación denominado SSL.

Finalmente, el tercer pilar que conforma la Web es el HTML. Este es el lenguaje que se utiliza para describir como se dispone el contenido de una página web, y también el que se encarga de describir los enlaces de la página.

Los Navegadores Web

Un navegador o explorador web (*browser* en inglés) es un programa que permite a quien lo usa descargar y visualizar documentos de la Web. El programa recupera el documento (normalmente HTML) que el usuario le pide (utilizando una dirección URL) mediante un protocolo (normalmente HTTP) y una vez que lo tiene descargado lo lee y lo presenta al usuario de la manera como le indican las etiquetas HTML y las hojas de estilos que lo haga. Así, de un documento de texto sin color ni estilo alojado en un servidor saca un documento con estilos de letra, color, títulos más grandes o más pequeños, elementos multimedia que el usuario visualizará desde su pantalla del ordenador de sobremesa, o desde su portátil o incluiso desde su teléfono móvil con Internet o de una consola de videojuegos de última generación.

Pero los navegadores actuales (al menos los de los ordenadores tradicionales) también tienen capacidad de visualizar imágenes, ejecutar lenguaje Javascript, o reproducir sonido y vídeo, y con la instalación del plug-in específico visualizar animaciones Flash o applets Java.

Los primeros navegadores trabajaban sobre la antigua línea de comandos y tan sólo ofrecían texto y enlaces. El primero fue Linemode desarrollado en el CERN, y a este siguieron otros similares que culminaron en el Lynx, de la Universidad de Kansas. Estos navegadores primitivos no ofrecían la capacidad de variar el tipo de letra ni mostraban imágenes. Aún así, ya aparecían los típicos enlaces que, a pesar de que todavía era incómodo seguirlos puesto que con estos navegadores no había puntero (ratón) y se tenía que marcar con el teclado el número del enlace para ir, ofrecía la capacidad de navegar entre diferentes páginas web situadas en diferentes servidores.

Posteriormente apareció el Mosaico de NCSA que ya incorporaba menús, los típicos botones de adelante y atrás, y ofrecía la posibilidad de visualizar imágenes dentro del documento.

Tuvo tanto éxito que muchos usuarios confundían Mosaico con la misma WWW.

En el año 1994, un grupo de programadores que participaron en el proyecto Mosaico crearon una compañía, Netscape, y programaron un navegador más rápido y más avanzado que Mosaico, el Navigator.

Netscape Navigator obtuvo un éxito agobiante. Desplazó del mercado los otros *browsers* antes nombrados y expandió el lenguaje HTML incluyendo nuevas etiquetas orientadas a mejorar la visualización de las páginas y sobre todo la disposición y aspecto del texto. Estas extensiones (llamadas *netscapismes*) se aplicaron en las nuevas páginas web y esto obligó a muchos usuarios a cambiar de navegador para poderlas visualizar correctamente. La hegemonía de Netscape se acabó cuando entró al mercado un nuevo competidor, Microsoft con Internet Explorer. La "guerra de los navegadores" estaba a punto de estallar.

La Guerra de los Navegadores

Popularmente se ha denominado a la lucha de las compañías poseedoras de los navegadores predominantes como Guerra de los Navegadores. La primera guerra se inició, pues, en el año 1995 entre Netscape (quién tenía la mayor cuota de mercado) e Internet Explorer de Microsoft. La empresa de Bill Gates no le había dado mucha importancia a Internet hasta aquel momento pero cuando vio que el mercado en Internet se le escapaba reescribió el motor de procesamiento de HTML para la cuarta versión de su Internet Explorer, que estaba basado en el antiguo Mosaico, e incluyó gratuitamente el IE en todas las versiones de Windows (el sistema operativo de Microsoft), lo que le provocó una gran inyección en el mercado. Superó tecnológicamente el primitivo apoyo que le daba Netscape a las hojas de estilo en cascada (CSS) y creó extensiones que permitían cambiar dinámicamente la página con el Javascript de Netscape (el que entonces se conocía por DHTML o Dinamic *HTML*).

Netscape respondió con extensiones de cariz similar y así fue como se inició la guerra. Ambos navegadores pretendían atraer a los creadores de páginas por medio de extensiones propias cada vez más potentes. Y estos se veían perjudicados porque tenían que hacer las páginas para dos navegadores prioritarios muy incompatibles entre ellos. Hubo una oleada de páginas que incorporaban a su pie textos del tipo "Se ve mejor con Netscape" o "Apta para IE" hasta que en 2001 Netscape ya estaba prácticamente desaparecida y fue comprada por America Online.

Internet Explorer, pues, eliminó un gran competidor y se mantuvo casi hasta la actualidad sin grandes cambios (tan sólo reparando agujeros críticos de seguridad y pequeñas actualizaciones) debido a la débil competencia.

Su cuota de mercado a finales de 2003 se situó en el 84,9% de uso de los navegadores pero desde entonces ha ido bajando a favor de un nuevo navegador, el Mozilla Firefox.

Este ha ido ganando usuarios hasta situarse en noviembre de 2007 en el 37,5% del mercado. Este navegador tiene un mayor apoyo a los estándares, es más estable y más seguro. También ha popularizado las pestañas y ha permitido que los programadores creen extensiones libres a partir de un derivado del XML, el XUL.

Internet Explorer sacó una nueva versión a finales de 2006 por rivalizar con el. La nueva versión incorporaba la famosa navegación por pestañas que ya incorporaba Opera desde hacía muchos años y que había popularizado Firefox, el cuadro de búsqueda OpenSearch que también incorporaba Firefox, un Lector de Feeds, compatibilidad con la transparencia de los PNG, la incorporación nativa del objeto XMLHttpRequest (para AJAX) y unas cuántas mejoras más.

Firefox sacó la segunda versión de su *software* al cabo de un tiempo. Además, Firefox, dispone de 2000 extensiones gratuitas en su página gracias a los colaboradores desinteresados mientras que IE intenta rivalizar con 400 que además son de pago.

Algunos apuntan que ha empezado una segunda guerra de los navegadores y otros muy optimistas que la guerra ya ha acabado a favor de Firefox. Aún así, IE todavía tiene más de la mitad del mercado de los navegadores y parece que al menos de momento no dejará de ser el navegador prioritario.

Los navegadores en la actualidad

Cómo ya se ha dicho, Microsoft Internet Explorer es el navegador más utilizado en la actualidad con una cuota de mercado del 56,2% a noviembre de 2007. El navegador libre Mozilla Firefox, basado en la Suite Mozilla y basado, a la vez, en una versión libre de Netscape Navigator (la 4.7), le ha sido sacando ventaja a este gran gigante.

Hay que destacar además, otros dos navegadores que a pesar de que no se pueden igualar a los nombrados antes por su uso, también ocupan una pequeña porción de los hogares y los puestos de trabajo; se trata de Opera y Safari. Opera es el navegador de la empresa noruega con el mismo nombre. No es software libre pero se distribuye gratuitamente desde la versión 8.5 y ha sido implementada para varios sistemas operativos. Han incorporado tanto a la Nintendo Wii como a la Nintendo DS su navegador y su versión Mine es una revolución en la navegación del mundo de la telefonía móvil. Safari, es el navegador que viene instalado por defecto en los Mac OS de Apple, que recientemente también ha sacado una versión para Windows.

Tanto Opera como Firefox son multiplataforma (se pueden instalar en varios sistemas operativos, entre ellos Windows, Mac OS, GNU/Linux, BSD y Une), Internet Explorer tan sólo está disponible para Windows, a pesar de que tiene una versión, ya abandonada para Mac OS, y Safari está disponible para Mac OS y Windows.

Los cuatro disfrutan de un administrador de preferidos, de administrador de contraseñas, gestor de descargas, administrador de formularios y con apoyo para OpenSearch pero Internet

Explorer carece de corrección ortográfica y Opera es el único que dispone de Cliente BitTorrent nativo.

Todos los navegadores tienen apoyo a CSS 2, Javascript, XSLT, XHTML, MathML, y a la sincronización RSS y Atom; excepto Internet Explorer, que no soporta del todo CSS 2 debido al error que tiene al utilizar otro modelo de cajas, no soporta bien ni XHTML ni MathML, y tampoco tiene apoyo para la sincronización. Safari también falla con MathML y tan sólo Opera tiene apoyo para XForms. Internet Explorer tampoco soporta, como sí lo hacen los otros tres navegadores (a pesar de que de manera parcial), el SVG. En lugar suyo, ha desarrollado otro lenguaje, el VML.

En definitiva, lo que se refiere al desempeño de estándares, Internet Explorer siempre ha sido y todavía es un caso aparte. Esto es debido a que Microsoft ha sido reacio a innovarlo durante muchos años y cómo su cuota de mercado todavía es muy elevada esto ha frenado bastante la implementación de la web 2.0 con lo que conlleva a las nuevas tecnologías y al desempeño de los estándares promulgados por la W3C. Aún así, con su séptima versión ha incorporado las famosas pestañas y apoyo para OpenSearch, que mejoran bastante la navegación.

Lenguajes de etiquetas

Cómo ya se ha dicho antes, uno de los grandes pilares de la Web es el HTML, un lenguaje de etiquetado que tradicionalmente ha servido para formatear el texto de las páginas web dándole color, medida y tipo de tipografía, una posición dentro de la página y configurando otros aspectos referentes a este. En la actualidad, algunos de estos aspectos estéticos se han relegado a otro estándar llamado CSS, y se recomienda que HTML tan sólo se use para determinar la estructura que siguen los datos. Se utiliza, así, el HTML para definir qué parte del documento es un título, cuál es un enlace, cuál una parte de una lista, numerada o no, o incluso qué parte del texto es un lenguaje de programación que se tiene que ejecutar, como Javascript cuando se escribe directamente dentro de la página.

Así pues, el HTML, como todo lenguaje de marcas o de marcaje, combina datos y etiquetas que las marcan y que contienen información adicional sobre la estructura del texto o su presentación. Aún así, no se tienen que confundir los lenguajes de marcaje con los lenguajes de programación, puesto que estos primeros no tienen las características de los segundos: no disponen de estructuras condicionales, ni de bucles, ni siquiera pueden hacer operaciones matemáticas. Su utilidad es simplemente la de describir datos, no trabajar con ellos.

HTML

HTML es el acrónimo del inglés HyperText Markup Language, lenguaje de etiquetas de hipertexto derivado de otro lenguaje de marcaje llamado SGML. Es utilizado, como ya se ha indicado antes, para estructurar textos y presentarlos en forma de hipertexto (en forma de texto con enlaces), que es el formato estandarizado de las páginas web.

Este lenguaje, pues, utiliza unas etiquetas o marcas para estructurar el texto, las cuales siempre están entre los signos "<" y

">" (menor que y mayor que). Además, las etiquetas que delimitan un texto o un contenido, se tienen que cerrar con la misma etiqueta pero con una barra (/) entre el primer signo y el nombre de esta.

Es decir, si queremos que un texto aparezca en negrita, le meteremos una etiqueta <b> allí donde empieza y una etiqueta </b> allí donde acaba. Pasa lo mismo con las etiquetas <i> y <u> (cursiva y subrayado) y con la misma etiqueta <html> con la que se tendría que empezar y acabar toda página web, conteniendo a esta a su interior.

Así pues, un ejemplo de página HTML sería:

```
<html>
 <head>
 <title>Ejemplo de una página</title>
 </head>
 <body>
 <h1>Ejemplo de una página</h1>
 <p>Este es un párrafo de un
 ejemplo de página web. <b>Este texto está en
 negrita</b>, y este <i>en cursiva</i> .</p>
 </body>
 </html>
```

Analizamos el ejemplo. La primera etiqueta y la que engloba toda la página es <html>, normativa por toda página web. Esta engloba, también de manera normativa, dos etiquetas, y tan sólo dos, el <head> y el <body>. Dentro de <head> se escriben etiquetas referentes a la descripción de la página, como por ejemplo <title>, que define el título que mostrará la barra de título del navegador que visualice la página, etiquetas <meta> que pueden definir diferentes aspectos como el autor de la página, una descripción de esta, palabras clave para ser más fácilmente encontrada mediante los buscadores, etc. Las etiquetas <link> que informan al navegador de si la página tiene un *feed* o un motor de búsqueda OpenSearch, que ya hemos descrito antes, también se tienen que meter dentro de esta etiqueta, los estilos CSS y los scripts Javascript de los que se hablará más adelante. La etiqueta <body> contiene todo el cuerpo del documento, todo el texto, tablas, imágenes, objetos multimedia y datos que contiene la página.

Dentro del <body> del ejemplo tenemos lo etiqueta <h1>, que describe que su contenido es el título principal y por lo tanto le hace saber al navegador que le tiene que dar un formato de letra y una medida especiales para que quede remarcado dentro de la página. La etiqueta <p> marca que lo que hay en su interior es un párrafo, y las etiquetas <b> e <i> como se ha explicado, marcan que el texto va en negrita y en cursiva, respectivamente. Hay que subrayar que dentro de la mayoría de etiquetas puede estar tanto texto como otras etiquetas, o incluso, todo a la vez.

Casi todas las etiquetas disponen de atributos que permiten modificarlas de alguna manera o darles instrucciones de cómo se quiere que el navegador las interprete. Los atributos que se le pueden aplicar a una etiqueta dependen de esta, puesto que, por ejemplo el atributo href de la etiqueta <a> (que define la dirección URL de un enlace) no se podría aplicar a otra etiqueta como seria <title>, pero sí, por ejemplo, en una etiqueta <link> que informa al navegador de la existencia de un *feed* o un motor de búsqueda. La aplicación del atributo href a un enlace se haría de la siguiente manera:

```
<a href=http://www.ejemplo.com/>texto enlazado</a>
```

Otra de las cosas que hay que destacar es que como HTML se diseñó inicialmente para personas que hablaran inglés, posiblemente los navegadores no representarán bien los caracteres especiales (vocales con acentos, diéresis, las ç y las ñ), puesto que la codificación por defecto que utilizan acostumbra a ser la UTF-8, que tan sólo permite caracteres ingleses. La solución es codificarlos con valores simbólicos utilizando abreviaturas.

También se puede, sin embargo, definir la codificación a la que pertenece el lenguaje de la página dentro del <head> con una etiqueta <meta>. La codificación a la que pertenece el castellano es la llamada *Latin-1*. La etiqueta sería esta:

```
<meta http-equiv="Content-Type" content="text/html; charset=iso-8859-1">
```

El Origen, el SGML

Cómo decíamos antes, HTML es un derivado del SGML, el *Standard Generalized Markup Language* o, en castellano, Lenguaje de Marcaje Generalizado Estándar. El SGML es un lenguaje de marcas que define unas normas gramaticales de otros lenguajes, más específicos, pero que no impone la utilización de ningún conjunto de etiquetas en especial.

Para que un documento sea SGML tiene que utilizar, para marcar el texto, etiquetas delimitadas con los signos < y > y los atributos tienen de separarse de la etiqueta por un espacio, el signo = se utiliza para aplicar el valor a los atributos, y todo lo que se decía antes con el HTML, imponiendo una estructura sintáctica básica, es decir, que se compone de elementos y atributos con los que el SGML manda que se escriban. No define, sin embargo, que la página empiece con <html> ni especifica ninguna etiqueta que se tenga que utilizar.

Así pues, todo documento HTML es un documento SGML que sigue unas reglas específicas, *definidas* por el lenguaje HTML, para que las páginas tengan significado y puedan ser visualizadas por un navegador. Es decir, en SGML su texto está marcado con etiquetas con formato SGML (abriéndolas y cerrándolas con los signos < y > y otros aspectos que comporta este lenguaje), pero, además, por el simple hecho de que el documento sea HTML implica que la etiqueta para abrirlo y cerrarlo tiene que ser <html> y </html>, que este tiene que contener un <head> y un <body>, que un <p> no puede ir dentro de un <meta>, etc.

Estas reglas están definidas dentro de un documento llamado *Document Type Definition* (DTD), Definición del Tipo de Documento, del HTML. Este documento, también escrito en SGML, define las etiquetas que se pueden utilizar en la creación del documento, los atributos, cuáles pueden ir dentro de otras, cuales tan sólo pueden contener texto, y no cabe más etiqueta a su interior (cómo pasa con <title>), o incluso qué orden tienen que seguir las etiquetas (el <head> siempre va antes del <body>). La DTD del HTML estándar es mantenida por *la World Wide Web Consortium* (W3C), pero hay muchos otros, de DTD, cada una para cada lenguaje basado en SGML.

Para definir cuál es la DTD de un documento SGML se escribe arriba de todo de este una línea de texto que lo vincula al documento DTD. Esta línea variará según el elemento raíz del lenguaje y la localización del archivo dentro del sistema de ficheros.

```
<!DOCTYPE elemento_raíz SYSTEM "archivo.dtd">
```

Para HTML (versión 4.01), siempre es la misma:

```
<!DOCTYPE HTML PUBLIC "-//W3C//DTD HTML 4.01//EN" "http://www.w3.org/TR/html4/strict.dtd">
```

Las versiones de HTML

Desde que Tim Berners-Lee definió la primera versión de HTML a principios de los años 90, esta ha sufrido muchos cambios adaptándose a las necesidades del momento. Así pues, la primera definición del lenguaje fue insuficiente para el repentino crecimiento de la WWW, y fue necesario añadirle nuevas etiquetas y nuevas funcionalidades.

Los navegadores, ante estas etiquetas que no respetaban los estándares eran totalmente permisivos puesto que eran programados de tal manera que si encontraban alguna etiqueta que no reconocían la mostraban igualmente, porque la consideraban una etiqueta de una versión posterior del estándar. Esto fue aprovechado posteriormente por el navegador Netscape que incluyó etiquetas propias que tan sólo funcionaban con él y que utilizó en la guerra de navegadores. Los navegadores también eran muy permisivos con los errores de escritura, intentando mostrar la página a pesar de estar mal estructurada, lo que abrió muchas puertas a la gente que quería hacerse una página web, y por lo tanto se generaron muchas páginas con código no estandarizado.

Esta compatibilidad de los navegadores provocó, como ya se ha dicho, la aparición de nuevas etiquetas que conformaron el HTML, y que posteriormente se formalizó bajo el nombre de HTML 2.0, pero nunca se convirtió en estándar. Ya incluía, sin embargo, las etiquetas que permitían incluir campos de formulario a la página que han perdurado hasta hoy en día, y que en aquel tiempo eran necesarios para enviar información a los recientemente aparecidos lenguajes CGI, que lo manejaban junto al servidor, y que fueron necesarios para la implementación de la web de servicios, que hoy en día denominamos la Web 1.5.

En 1995, un año después de la formación de la W3C, esta presentó el borrador del HTML 3.0, el cual incluyó muchas nuevas capacidades como crear tablas, hacer que el texto fluya alrededor de las imágenes y mostrar fórmulas y elementos matemáticos complejos. No fue implementado por los navegadores de la época, puesto que era demasiado complejo para hacerlo con la tecnología de aquel tiempo. Así pues, se publicó el HTML 3.2 (el 3.1 nunca llegó a ser propuesto oficialmente) que abandonó la mayoría de características nuevas de HTML 3.0 y adoptó otras etiquetas propuestas por los navegadores Mosaic y Netscape, y la capacidad de trabajar con ecuaciones matemáticas propuesta pasó a ser integrada en un estándar diferente que se explicará más adelante.

La versión 4.01, es una revisión de HTML 4.0 y corrige errores e incorpora algunos cambios. El HTML 4.0 ha adoptado también muchos elementos específicos desarrollados para Internet Explorer, y ha eliminado muchos otros de la versión 3.2 señalándolos como "desaprobados".

Un grupo de trabajo compuesto por la Fundación Mozilla y Opera Inc., compañías que están desarrollando dos de los navegadores más importantes en la actualidad, está trabajando en el borrador del HTML 5, que intenta mejorar las aplicaciones web con una nueva especificación para los formularios, y que actualmente está en estado de borrador en la web del W3C.

Uso del software

Tim Berners-Lee, desde el momento que presentó el proyecto de la WWW, ya disponía de un navegador de páginas web que además era editor de estas. Así pues, el primer editor de HTML lo escribió él, pero desde entonces, a principios de los 90, estos editores han sufrido muchos cambios. En realidad cualquier editor de texto plano puede servir para editar texto HTML, como el *Block de Notas* de Windows o el *gedit* o el *kwritte* del GNU/Linux, pero también hay editores de texto especializados en HTML y editores con entorno *WYSIWYG* en los que puedes crear una página sin tener de escribir las etiquetas.

Los editores de texto especializados en HTML (que normalmente están especializados en la creación de páginas web en general y que, por lo tanto, también tienen apoyo para otros lenguajes como Javascript, XML, PHP...) normalmente incorporan funcionalidades como el coloreado de sintaxis, que muestra el código en diferentes colores y tipos de letra según la categoría de los términos (si son etiquetas, atributos, contenido de los atributos, contenido de la página, comentarios...), sugerente de código, que cuando vas a escribir sugiere las etiquetas o los atributos disponibles, validación de código instantáneo, que informa de los errores que contiene el documento al instante, y otros.

Los editores *WYSIWYG* (*What you see, what you get*, o lo que ves es lo que obtienes) son una evolución de los editores de texto. Permiten escribir un documento viendo directamente el resultado final, de forma que en ninguna parte hay que escribir <b> y </b> para darle formato a un texto con negrita, se selecciona este texto y se pulsa el botón de la barra de herramientas que lo introduce con negrita, es muy parecido, pues, a cualquier procesador de texto como el *Microsoft Word* o el *OpenOffice.org*.

Estos editores dan muchas opciones, como por ejemplo insertar imágenes tan sólo haciendo clic en un botón y buscando la imagen y darles medida con el ratón, hacer lo mismo con las tablas (insertarlas y darles medida), mover los elementos con el ratón para darles una posición dentro de la página, etc., para los que de otra manera se tendrían que conocer las etiquetas HTML y además ir probando cada vez que se hace un cambio si se ve bien con el navegador. Por otro lado, estos editores han sido criticados por generar muchas veces código innecesario o, incluso, inválido.

Aún así, los editores *WYSIWYG* incorporan, además, la opción de ver el código HTML, y muchas veces igualan en funcionalidades a los editores de texto especializados en HTML.

Este es el caso del Dreamweaver, que hasta la versión 8 pertenencia a Macromedia, pero que desde abril de 2005 este al igual que la empresa pertenecen a otro gigante, Adobe, que la compró por 3.400 millones de dólares. Con la actual versión, la 9 o CS3, Dreamweaver presenta una fuerte compatibilidad con Adobe Photoshop (programa estrella de la empresa), además de ofrecer todas las funcionalidades que presentaba la versión anterior, tanto en edición de código como *WYSIWYG*, y más. Es el editor de páginas web más utilizada (con un 90% del mercado) y tan sólo está disponible para Windows y Mac Os.

Una alternativa libre al Dreamweaver es el KompoZer, un programa basado en Nvu y que a la vez está basado en el Mozilla Composer. Su desarrollo empezó en julio de 2006 y la versión actual es la 0.7.10. Al ser un software multiplataforma, está disponible para varios sistemas operativos, entre ellos GNU/Linux.

XML

El E*xtensible Markup Languatge* (lenguaje de marcaje extensible) es un metalenguaje creado por la W3C que simplifica y adecúa el lenguaje SGML, abandonando muchas características de este que estaban pensadas para facilitar la escritura manual de los documentos y haciendo al lenguaje mucho más estricto, lo cual facilita la interpretación del documento a los programas informáticos.

La intención del XML, pues, es la misma que la del SGML, organizar información de una manera estructurada, que se componga de partes muy definidas (señalizadas por etiquetas), y estas dentro de otras partes también definidas (etiquetas dentro de etiquetas), pero XML, al contrario que SGML, prioriza la expresión de la manera más abstracta posible de la información y su reutilización por programas de terceros.

Así pues, lo que es obligatorio con XML es que todas las etiquetas se tienen que cerrar, incluso si están vacías (
</br> o también se admite <br/>); las etiquetas que están dentro de otras se tienen que cerrar antes de las etiquetas que las contienen (por ejemplo, estaria mal: <a><b> texto</a></b>; lo correcto seria: <a><b> texto</b></a>); las etiquetas de inicio y cierre tienen que ser idénticas, es decir, no es correcto escribir la etiqueta de inicio con minúsculas y la de cierre con mayúsculas, o al revés, tal como se podía hacer con SGML; el contenido de los atributos siempre irá cerrado dentro de dos comillas (""), y no se minimizará; y por último, no se podrá omitir lo etiqueta raíz, como si que se hacía a veces con SGML (y sobre todo con HTML) por cuestión de rapidez.

Un documento que no respete estas normas será calificado de mal conformado y de ningún modo será interpretado por los programas que necesiten su información sino que estos devolverán un error, indicando la línea donde se produce, y hasta que no se solucione se negarán a realizar la estructura arbórea (a mostrar el documento) y a interpretarlo. Esto ha traído muchos beneficios a sus lenguajes derivados, puesto que no ha pasado lo que pasó con HTML, que cuando estaba mal conformado, los navegadores lo intentaban interpretar y a veces lo hacían de maneras diferentes.

Al igual que los SGML, a los documentos XML también se les puede definir una DTD que valide el documento. La Declaración del Tipo de Documento se hace antes del cuerpo del XML, antes del mismo elemento raíz, y después de la misma declaración XML (que es la que encabeza todo el documento). También se ha desarrollado otra manera de describir la estructura y las restricciones de un documento XML llamado *XML Schema*, que presenta ventajas respecto al DTD, como la de usar sintaxis XML (el DTD usa SGML) y permitir especificar el tipo de los datos.

W3C y la estandaritzación: XHTML

Con la aparición de nuevos dispositivos aparte de los ordenadores tradicionales que pueden acceder al WWW (cómo móviles, PDAs, televisores, impresoras...), se puso de manifiesto la necesidad de una versión de HTML más estricta para eliminar algunas etiquetas que había legado la primera "guerra de los navegadores", y además, impedir que se realizaran documentos mal estructurados o incluso caóticos, puesto que estos dispositivos eran, y todavía son, mucho más limitados de recursos que los ordenadores de escritorio o los ordenadores portátiles, y no podían afrontar la complejidad añadida de la sintaxis HTML.

Así pues, se trajo el HTML al XML, y el nuevo lenguaje de marcaje recibió el nombre de XHTML, publicado por primera vez en enero de 2000. Desde entonces ha sido recomendado, al igual que HTML 4.01 y posteriormente la versión 1.1 de la XHTML, por la W3C.

Actualmente la W3C recomienda HTML 4.01, XHTML 1.0 o XHTML 1.1. Ofrecen tres DTD, tres "sabores", tal como dicen ellos, para HTML: la estricta, en la que no se pueden utilizar las etiquetas desaprobadas, la tradicional , que si que permite utilizar algunas, y la frameset , que permite utilizar, al contrario de las otras, los iframes y los framesets que se nombraban antes y que permitían insertar una página dentro de otra. El XHTML 1.0 y 1.1 también lo recomiendan, y en realidad tendría que sustituir en un futuro todo el HTML, pero en la actualidad Internet Explorer, el navegador más utilizado y con diferencia, todavía no es capaz de interpretarlo bien, lo cual desanima a los programadores a usarlo.

Aún así, el uso del XHTML aporta muchas ventajas a la edición de páginas web, además de ser, como deciamos antes, menos complicado de interpretar por los programas. El XHTML está diseñado para estructurar datos, no para darles formato ni para situarlos dentro de la página. Es por eso que la DTD ya no incluye las etiquetas y los artibutos desaprobados en HTML 4.01, que en su mayoría tan sólo especificaban características del estilo y del diseño (cómo por ejemplo <font>, que tan sólo especificaba qué tipo de letra tenía todo el texto en su interior). A partir de ahora, estos aspectos relacionados con el diseño se especifican con otro lenguaje llamado CSS, que se explicará en el capítulo correspondiente.

Según la DTD del XHTML, las imágenes siempre tienen que traer un texto alternativo, los nombres de las etiquetas y los atributos tienen que ir en minúsculas, cosa que entra en fuerte contradicción con las primeras versiones de HTML, cuando se escribían en mayúsculas para distinguirlas visualmente del otro texto, han sido eliminados completamente los atributos desaprobados de la versión 4.01 de HTML, no se puede escribir directamente dentro del <body>, sino que se tiene que hacer dentro de párrafos (<p>) o encabezados (<h1>, <h2>, <h3>...) dentro de este, entre otros más específicos. Un ejemplo de XHTML muy conformado y válido seria este:

```
<?xml version="1.0" encoding="UTF-8"?>
<!DOCTYPE html PUBLIC "-//W3C//DTD XHTML 1.0 Strict//EN" http://www.w3.org/TR/xhtml1/DTD/xhtml1-strict.dtd>
   <html xmlns="http://www.w3.org/1999/xhtml">
   <head>
   <title> Ejemplo de página XHTML </title>
   </head>
```

```
<body>
<p>
Seleccione un día:
<br />
<br />
<select name="día">
<option selected="selected">Lunes</option>
<option>Martes</option>
<option>Miércoles</option>
</select>
</p>
</body>
</html>
```

Se puede observar como la primera línea es la declaración XML que se explicaba antes, presente en todos los documentos XML y, consecuentemente, en todos los XHTML. La segunda es la DTD del XHTML estricto, y después de estas, todo el resto es el documento XHTML.

Los cambios de la primera versión de XHTML respecto al HTML han sido menores puesto que la mayoría están destinados a conseguir la conformidad con XML. El borrador XHTML 2.0 se está preparando en la W3C y se prevé que habrá muchos cambios, como que no hará falta utilizar la etiqueta <a> para insertar un enlace en la página sino que todas las etiquetas lo podrán ser simplemente aplicandoles el atributo *href*, se sustituirán algunas etiquetas por otras, las etiquetas <img>, que insertan imágenes, <style>, que aplica estilos CSS, y <applet>, que permite insertar aplicaciones Java, serán <object>, que ya se usaba para animaciones Flash, los frames volverán a estar permitidos (esta vez como XFrames) y los actuales formularios se cambiarán por XForms.

Todavía falta mucho para que el XHTML 2.0 sea un estándar, pero cuando lo sea también le costará mucho tiempo imponerse ante los otros estándares, puesto que todavía hoy el XHTML 1.0 no es soportado bien por todos los navegadores (Internet Explorer) y la XHTML 2.0 no se podrá visualizar nada bien en navegadores antiguos puesto que este rompe la compatibilidad hacia atrás (las diferencias con HTML son abismales y ningún navegador antiguo que tan sólo pueda interpretar HTML será capaz de interpretar XHTML 2.0).

Otros lenguajes de marcaje basados en XML

Una de las características más importantes y más útiles del XML, al ser derivado del XHTML, es la extensibilidad. El XML permite incluir diferentes tipos de documento en el mismo archivo, así, una página XHTML puede incluir en su interior una porción de código que no pertenezca a su DTD, sino a otra, permitiendo así extender el lenguaje con otras opciones que no incluye, pero que sí que incluyen otros lenguajes de marcaje derivados del XML.

Es el caso, por ejemplo, de las imágenes vectoriales (SVG y VML), hojas de estilo extensibles (XSL y XSLT) y fórmulas matemáticas (MathML), que se pueden incluir dentro de un documento XHTML sin ningún problema y teniendo como DTD la del XHTML.

SVG y VML

El *Scalable Vector Graphics* y el *Vector Markup Language* son dos lenguajes derivados del XML que definen figuras vectoriales en dos dimensiones.

Las figuras vectoriales, o gráficos vectoriales, son imágenes que no estan definidas por pequeños puntos de color (píxeles) cómo pasa con las imágenes de las fotografías, sino que están definidas por figuras geométricas simples como puntos, líneas, curvas o polígonos.

Son muy útiles para definir figuras simples puesto que ocupan muy poco espacio en disco. Para definir una circunferencia tan sólo hay que especificar el radio y el punto donde se encuentra su centro, además del color, mientras que para definir una circunferencia para una imagen no vectorial se tiene que especificar el color de cada uno de los píxeles que la compone. Aún así, su uso queda relegado a imágenes relativamente sencillas, normalmente generadas por ordenador.

Otra de las ventajas que presentan es que no se pierde calidad al escalarlos. Cuando se aumentan las imágenes pixeladas, se pueden apreciar, el contorno de los objetos que representan, que están compuestos de cuadrados; mientras que las imágenes vectoriales, al no estar compuestas por píxeles, se pueden aumentar tanto cómo se quiera, que no perderán calidad.

También permiten ser modificados después de haber sido guardados y algunos pueden incluso ser animados por un lenguaje de programación o incorporar texto e imágenes pixeladas.

En el año 1998, Microsoft, Macromedia y otros presentaron al W3C una propuesta de lenguaje para definir gráficos vectoriales en las páginas web llamada VML, pero no llegó a ser estándar recomendado porque Adobe, Sun y otras empresas también presentaron su propia propuesta, el *Precision Graphics Markup Language* (PGML). Se juntaron los dos estándares para hacer uno que desde septiembre de 2001 es una recomendación, la SVG.

Microsoft, por el contrario, implementó en su navegador el lenguaje VML que había propuesto en el 98. Esto hace que el estándar pierda mucho valor, porque ya se ha dicho que el navegador más utilizado hoy en día es el Internet Explorer. Los otros navegadores implementan el SVG, pero todavía no en su totalidad.

Han habido muchas controversias alrededor de este tema, y las habrá hasta que no se acepte el estándar definitivamente. Hasta entonces, lo que hacen lugares como la Wikipedia es detectar (desde el lado del servidor con el lenguaje de programación PHP) si el navegador soporta gráficos SVG y si no los soporta le envían un gráfico no vectorial, como por ejemplo PNG.

XSL y XSLT

Los *Extensible Stylesheet Language* son una familia de lenguajes derivados del XML que definen como transformar la información contenida dentro de archivos XML en otros archivos que también pueden ser XML o de otro tipo, como PDF.

El uso más extendido de esta familia es el lenguaje XSLT, que se ha implementado en todos los navegadores predominantes del mercado. Este lenguaje, siguiendo la definición de XSL, permite transformar documentos XML que contienen datos en otros documentos a los que se les ha aplicado unas transformaciones para poderlos ver en otro medio. El ejemplo más claro es transformarlos en documentos XHTML para que se puedan visualizar en cualquier navegador.

Para realizar esta transformación se requiere un procesador XSLT que haga la transformación. Los mismos navegadores lo son, así que tan sólo hace falta especificar dentro del XML que contiene los datos de la hoja de estilos extensible que se le quiere aplicar (especificando su URL) y el navegador se encarga de hacer la transformación. También se puede realizar esta transformación en el servidor, y evitar así la posibilidad de que el navegador sea antiguo y no tenga la capacidad de hacer la transformación.

Estas hojas son muy útiles para separar el contenido, la información que quiere transmitir el lugar, del formato, o el diseño. Mientras que la información sería contenida por el archivo XML, el archivo XSLT lo transformaría en XHTML y además le ofrecería una formatación en párrafos, encabezados, tablas, etc. La XSLT es, pues, un buen complemento para las hojas de estilo en cascada.

MathML

El *Mathematical Markup Language* (MathML) también es un derivado del XML, la función del cual es expresar notaciones matemáticas que ya se buscan desde la HTML 3.0 (ver *Las versiones de HTML*) pero que nunca se implementó en ningún navegador. Fue diseñado para poder representar ecuaciones matemáticas que puedan ser editadas y modificadas fácilmente al ser insertarlas como imágenes que no se pueden retocar desde el mismo código fuente (una cosa parecida a las imágenes vectoriales y los mapas de bits). Su uso, sin embargo, se ha extendido en otros programas de tipo matemático en general, como también ha pasado con otras implementaciones de XML.

La Wikipedia en español nos da como ejemplo la conocida ecuación de segundo grado:

$$x = \frac{-b \pm \sqrt{b^2 - 4ac}}{2a}$$

Que con MathML sería:

```
<math>
  <mrow>
  <mi>x</mi>
  <mo>=</mo>
  <mfrac>
  <mrow>
  <mrow>
  <mo>-</mo>
  <mi>b</mi>
  </mrow>
  <mo>&PlusMinus;</mo>
  <msqrt>
  <mrow>
  <msup>
  <mi>b</mi>
  <mn>2</mn>
  </msup>
  <mo>-</mo>
  <mrow>
  <mn>4</mn>
  <mo>&InvisibleTimes;</mo>
  <mi>a </mi>
  <mo>&InvisibleTimes;</mo>
  <mi>c</mi>
  </mrow>
  </mrow>
  </msqrt>
  </mrow>
```

```
    <mrow>
    <mn>2</mn>
    <mo>&InvisibleTimes;</mo>
    <mí>a </mí>
    </mrow>
    </mfrac>
    </mrow>
</math>
```

Cómo se puede observar, MathML no está pensado para ser escrito o editado directamente por los humanos, como pasa con otros lenguajes del mismo tipo como TeX (con el que tan sólo hacen falta 32 caracteres para hacer lo mismo), sino que está pensado por que lo utilicen los programas.

A día de hoy todavía no tiene apoyo nativo en ninguno de los navegadores importantes, por lo cual, se requieren programas adicionales para poder visualizarlo dentro de las páginas.

Diseño web, tratamiento de imágenes y CSS

Normalmente, cuando se desarrolla un proyecto de página web, antes de empezar a escribir HTML se crea una maqueta con un programa de retoque fotográfico de lo que sería la página principal y otras páginas esenciales.

La maqueta tiene que ser una guía de cómo se quiere que quede la página web. Se tienen que utilizar los mismos colores, el mismo tipo de letra, y los elementos se tienen que disponer de la manera como se quiere en la página web. Y una vez hecha esta primera maqueta, se pasa a hacer una reproducción con HTML o XHTML.

Realmente hasta que no aparecieron los lenguajes de servidor (CGI) y como consecuencia la web de servicios (Web 1.5), los programadores se quedaban en esta fase. La web ya estaba diseñada y hecha con HTML, tan sólo hacía falta colgarla en un servidor. En un proyecto web complejo, esta maqueta todavía tiene que experimentar unos cuántos cambios y se tiene que dinamizar tanto junto al servidor como al cliente (con programación, está claro) para acabar de estar lista y colgarla.

El diseño inicial de las páginas web se acostumbra a hacer con un programa de retoque fotográfico como el GIMP o el Photoshop. Con uno de estos programas se crea una nueva imagen, que acostumbra a ser de unos 800 píxeles de ancho y 1000 de alto (según el criterio de quien la realiza), y se empieza a disponer en ella los elementos que tendrá la nueva página.

Los diseños de hoy en día no son como los de hace unos cuántos años. Los escritos de Tim O'Really han causado un gran giro en la Web y las páginas actuales acostumbran a seguir unas pautas de diseño etiquetadas como "diseño 2.0".

Estos diseños utilizan colores fuertes y brillantes que se utilizan para dividir la página y remarcar las secciones importantes de esta, puesto que atraen la atención de los visitantes. La medida de las letras de los elementos importantes en estos diseños acostumbra a ser mucho más grande que en las páginas de la Web 1.0, lo cual también ayuda a la diferenciación entre elementos de mayor y menor importancia.

Además, las páginas que siguen esta corriente están acabadas con efectos 3D, sombreados, resaltados, difuminados, reflejos de luz, efectos espejo, iconos atractivos, contornos estrellados, cajas redondeadas para los contenidos, etc. Es el caso de los logotipos 2.0.

El efecto espejo que se nombra es uno de los efectos más populares cuando se habla de diseño 2.0. Este efecto se puede conseguir o bien con un programa de retoque fotográfico o bien escribiendo unas líneas Javascript en la misma página utilizando, normalmente, la librería *script.aculo.os*.

Otro de los aspectos más relevantes de la Web 2.0 cuando se habla de diseño es la simplicidad. El usuario tiene que poder ver, a simple vista, lo que quiere ver, y el trabajo del diseñador es que lo consiga. Esto se tiene que hacer sin sacarle funcionalidad a la página.

Un ejemplo de simplicidad extrema es Twitter, un servicio web que establece una red social entre sus usuarios. Permite crear un blog en que cada entrada tiene un máximo de 140 caracteres, también llamado microblog, y lo que los usuarios escriben es lo que están haciendo en aquellos momentos. Una aplicación tan simple como esta es un éxito en Internet.

También se tiende a disponer las páginas centradas dentro de la ventana del navegador, con pocas columnas y con secciones claramente diferenciadas (con el uso de color o con márgenes en blanco).

Al hacer la navegación, siempre ha habido algún tipo de barras con enlaces que conducen a las principales secciones de la página a todas las páginas del lugar. La tendencia de hoy es hacerlo lo más sencillas posible para el usuario y meterlas en la parte superior de la página, recordando, a veces, a las pestañas que utilizan los actuales navegadores.

Una vez hecho el diseño con el programa de retoque fotográfico, se procederá al recortado de las imágenes que serán útiles para la página final y a la transformación del modelo (del diseño) en maqueta (en documento HTML o XHTML). Este proceso se realiza, como ya se ha dicho, escribiendo el código (X)HTML manualmente o con la ayuda de un entorno WYSIWYG.

También puede ayudar, un programa como el Adobe Fireworks (antes de Macromedia), en el que tan sólo hace falta abrir el diseño realizado, seleccionar las secciones que tiene diferenciando las imágenes de los sectores donde va texto, y exportar el proyecto a un documento HTML que necesitará un tratamiento posterior con un programa WYSIWYG.

Antes de que HTML 4 fuera estándar recomendado por la W3C, no había ninguna otra manera de disponer elementos en la página, hacer columnas, barras de navegación, secciones, encabezamientos o pies sin el uso de tablas. Las tablas en HTML se definen con la etiqueta <table> y su uso es el de representar datos de manera tabulada. Los diseñadores pronto vieron una manera de disponer los elementos en ella, puesto que cada celda se podía configurar con un color de fondo y unas dimensiones. También se les podían sacar los bordes aplicándolos el valor "0" al atributo border de las tablas y de las celdas de estas.

Las maquetas con tablas eran fáciles de realizar, y los programas como el Adobe Fireworks las generaban automáticamente, y dado que eran la única opción para realizar páginas con columnas y secciones, su uso se expandió por todas partes en la Web. Aún así, las tablas HTML, al no estar pensadas para el diseño sino para la tabulación de datos, han presentado muchos problemas como la sobrecarga de etiquetas que son necesarias para definirlas (<table>, <tbody>, <tr>, <td>, etc.) y la poca accesibilidad desde dispositivos que no sean los ordenadores tradicionales.

También al mezclar contenido con formato, hace que los lugares sean menos sostenibles, puesto que para cambiar cualquier aspecto del diseño, se tiene que pasar en medio de todos los datos y localizar cada una de las partes de la página para cambiarlas. Si además el lugar es grande, se tiene que cambiar el diseño de todas las páginas, lo que puede llegar a ser un trabajo muy lento y muy costoso.

A raíz de esto surgió, a partir de la estandarización de HTML 4, un nuevo estándar, el *Cascading Style Sheets* (CSS), que permitía definir los estilos de los elementos y las etiquetas HTML, XML o XHTML. Muchas etiquetas y atributos que hasta aquel momento habían servido para definir aspectos del diseño de la página fueron desaprobados y se desaconsejaba el uso de tablas para la maquetación, puesto que esta ya se podía realizar con CSS.

Los beneficios que aporta el CSS son muchos. El estilo CSS se puede aplicar a una sola etiqueta (con el atributo *style*), a toda una página dentro de una sección de esta donde se definen estilos para varias etiquetas (con la etiqueta *style*), o incluso para todo el lugar, con el uso de un fichero externo al documento (X)HTML. El uso más extendido es el último, así que tan sólo hace falta modificar el archivo de estilo CSS para modificar todo el diseño del lugar, cosa que resulta mucho menos costosa y mucho más rápida que con el uso de tablas, en que se tiene que cambiar el diseño de todas las páginas, buscando entre el contenido los atributos referentes al diseño.

La sintaxis CSS permite asociarle a un selector una serie de atributos y valores que lo modifican. Este selector se puede tratar de un nombre de etiqueta, de tal manera que el estilo asociado a él se aplicará a todas las etiquetas del mismo nombre, a un nombre de clase, se le aplicará el estilo asociado a todas las etiquetas que tengan el mismo nombre de clase dentro del atributo HTML *class*, y a un identificador único (ID), que aplicará el estilo al único elemento de la página que tendrá el mismo ID (definido por el atributo HTML *id*).

A todas las etiquetas referidas por los selectores, se les aplicará el estilo configurado por los atributos y los valores. Los atributos son palabras del lenguaje ya definidas por el estándar como *color* para definir el color, *height* para definir la altura del elemento, *margin* para definir los márgenes, etc. Así pues, un ejemplo de estilo CSS seria:

```
html {
   margin: 0;
   padding: 0;
}
body {
   font: 75% georgia, sans-serif;
   line-height: 1.88889;
   color: #555753;
   background: #fff url(blossoms.jpg) no-repeat
bottom right;
   margin: 0;
   padding: 0;
}
p {
   margin-top: 0;
   text-align: justify;
}
h3 {
   font: italic normal 1.4me georgia, sans-serif;
   letter-spacing: 1px;
   margin-bottom: 0;
   color: #7D775C;
}
```

Cada selector (en este caso las etiquetas *html*, *body*, *p* y h3) tiene asociados una serie de atributos que lo configuran. Así pues, todos los párrafos (*p*) de la página no tendrán margen superior (*margin-top*) porque este tiene el valor de 0, y tendrán una alineación justificada. Estos estilos también se heredan, así que si una etiqueta está contenida por otra, esta recibe también todos sus atributos y estilos. Este es el caso del *body*, puesto que todas las etiquetas contenidas en su interior tendrán, si no se especifica lo contrario, letra (*font*) con un tamaño del 75% de la familia Georgia, o, en su defecto, cualquiera que sea sans-serif. El color (*color*) de esta será un gris *#555753* definido por la notación RGB. También tendrá de fondo (*background*) con la imagen *blossoms.jpg*, sin repetir y situada en la parte de abajo, a la derecha, de la página, mientras que el resto del fondo será de color blanco (*#fff* en RGB).

El ejemplo ha sido sacado de CSS Zen Garden, una página que permite seleccionar diferentes archivos CSS que le cambian radicalmente el diseño. La página pretende incentivar el uso del CSS demostrando las grandes posibilidades que este tiene y como es de posible separar el diseño del contenido.

Actualmente, la W3C está trabajando en la tercera versión del CSS, mientras que la segunda todavía no ha sido implementada del todo por todos los navegadores (en concreto, Internet Explorer).

Javascript, dando dinamismo en la página

Javascript es un lenguaje de programación interpretado que permite añadir dinamismo a las páginas integrándose dentro de estas. Si antes decíamos que con HTML tan sólo podíamos mostrar datos y que con CSS tan sólo las podíamos formatear y darles un diseño, pero de que ninguna manera podíamos realizar operaciones matemáticas ni nada propio de los lenguajes de programación, con Javascript sí que podemos.

Breve historia

El lenguaje fue inventado en 1995 por el desarrollador Brendan Eich, de Netscape Communications, bajo el nombre de LiveScript. El lenguaje estaba pensado inicialmente para que funcionara junto al servidor, pero los ingenieros pronto llegaron a la conclusión de que con un poco de implementación en su navegador, Netscape, se podían hacer muchas cosas sin tener que conectar con el servidor, desde el mismo navegador del cliente. Sun Microsystems y Netscape colaboraron para acabar la sintaxis LiveScript con este propósito. Rebautizaron el lenguaje con el nombre de Javascript, puesto que Java, un lenguaje desarrollado por Sun Microsystems, tenía mucho de éxito aquellos años, así que le cambiaron el nombre por razones de marketing.

No tienen, sin embargo, ninguna relación entre ellos. Javascript se asemeja al Java cómo cualquier otro lenguaje orientado a objetos, y justo es decir que Javascript no es un lenguaje orientado a objetos propiamente dicho, puesto que no dispone de Herencia.

En 1997, sus creadores propusieron Javascript como estándar de la ECMA (European Computer Manufacturers' Association), quienes lo aceptaron y le pusieron al estándar el nombre de ECMAScript, que ha servido como referencia para el lenguaje ActionScript, que se utiliza en las animaciones Flash desde la cuarta versión del programa y que se explicarán en capítulos posteriores.

Microsoft, por su parte, implementó en su navegador Internet Explorer su propia versión del estándar, el JScript, muy similar al Javascript de Netscape pero con ciertas diferencias en el modelo de objetos del documento (DOM, ver más adelante), que hacen ambas versiones incompatibles hasta nuestros días.

¿Qué permite hacer?

Con la introducción de un lenguaje de programación dentro de documentos que hasta entonces habían sido simples hojas informativas, se consigue una dinamización y una interactividad de la página hacia el usuario. Las líneas de código Javascript (también llamadas *scripts*) son interpretadas por el navegador una vez descargadas, y estas modifican el documento (X)HTML sólo al cargarse la página o dados unos acontecimientos, como pasar el cursor por encima de un elemento, hacer clic encima de un enlace, cambiar el contenido de un campo de formulario, etc.

Los primeros años de vida de Javascript se utilizaba un término para denominar estas páginas interactivas y dinámicas, los DHTML o Dinamic *HTML*. La palabra dinamismo también se usaba, sin embargo, para referirse a los programas CGI de los que hablaremos más adelante y que se ejecutan junto al servidor, antes de que la página llegue al navegador. Esto provocó muchas confusiones, pero los conceptos son totalmente diferentes. Los DHTML implican el uso de lenguajes de script que modificaban los documentos HTML o sus presentaciones CSS una vez el servidor ya ha enviado la página al navegador y esta la interpreta ejecutando el código Javascript que trae, mientras que el dinamismo ofrecido por los CGI de los servidores está presente en la misma creación de la página, seleccionando de las bases de datos la información a enviar o respondiendo de diferente manera según las circunstancias con las que se encuentra la página. No son incompatibles los lenguajes de script y los CGI, sino que funcionan de una manera complementaría y ahora con la aparición de AJAX (del que se hablará pronto), conjuntamente.

Los primeros años de implementación, los usos más habituales del DHTML eran cambiar imágenes pertenecientes a enlaces de una barra de navegación por otras (popularmente denominado *rollover*), dar movimiento a elementos de la página (cómo por ejemplo copos de nieve que caen de la parte superior de la página, muy utilizados en tiempos navideños), desplazar un determinado texto de la página, etc.

Estos efectos tan sólo requerían unas líneas de código que fácilmente se podían reutilizar para otros proyectos. Y fue por esto que aparecieron muchos lugares en la Web que ofrecían estos *scripts* y que daban instrucciones de cómo utilizarlos (normalmente tan sólo hacía falta engancharlos dentro de la etiqueta <head>).

Javascript tenía, sin embargo, una reputación de lenguaje poco reforzado para el desarrollo web serio. La guerra de navegadores entre Netscape e Internet Explorer creó graves problemas para los desarrolladores puesto que, aunque ambos navegadores utilizaran Javascript, los objetos no se comportaban de la misma forma o la implementación de algunos no era compatible para los dos, lo que provocaba muchas veces tener que programar la misma página dos veces, una para Netscape y la otra para el Explorer.

Esto provocó que Javascript sólo se utilizara para procesos simples y no decisivos, como la validación de formularios que posteriormente se volvían a validar en el servidor o tareas meramente decorativas (los ya explicados *scrolls*, *rollovers*, etc.). No ha sido hasta ahora, cuando todos los navegadores soportan medianamente bien los estándares, incluido el estándar ECMAScript, el uso de Javascript en proyectos profesionales como las aplicaciones web de la Web 2.0. Ejemplos de estos son Google Maps, wikis como la Wikipedia, tiendas on-line, páginas de inicio personalizadas como el Netvibes o aplicaciones de webmail como el GMail.

Esto ha sido posible gracias a que han aparecido nuevas librerías que hacen muy simple lo que antes hubiera costado mucho tiempo programar. En 2005, Sam Stephenson programó la primera versión de la librería Prototype, que ha causado una revolución en la manera de programar con Javascript. A raíz de esta librería han salido otras que han aprovechado sus extensiones y han facilitado mucho el uso del Javascript para hacer animaciones y funcionalidades antes impensables.

Una de estas nuevas funcionalidades es el típico "arrastra y deja" ("*drag and drop*" en inglés) con el que tantos años hemos convivido en nuestros entornos de escritorio, al mover archivos de una carpeta a otra, y que estas librerías han facilitado su implementación en la Web. Con pocas líneas de código se puede hacer que un elemento de la página pueda ser arrastrado por el cursor del usuario y quede donde él lo deja. Esta funcionalidad la han usado algunos lugares de comercio electrónico para permitir a sus usuarios arrastrar los productos que quieren comprar dentro de una sección de la página habilitada para que se puedan dejar allí, a modo de cesta de compra, o páginas de inicio personalizadas como el Netvibes que permite arrastrar y dejar sus paneles para hacer la página más personalizable.

Javascript se utiliza, actualmente, para realizar funciones mucho más complejas que hace unos años eran realizadas del lado del servidor, lo que permite agilizar mucho los procesos llevados a cabo en las páginas web. Además, con AJAX también se han agilizado todos los procesos que requieren el servidor, como la recolección de información de las bases de datos, por ejemplo. Así pues, de ser un lenguaje sin mucho potencial, Javascript ha pasado a ser el responsable de una buena parte de la funcionalidad básica de los lugares más y menos importantes de la Web.

Integración dentro de la página

Cuando Javascript apareció y HTML no estaba del todo estandarizado con la DTD tan estricta como es hoy en día, Javascript se podía meter en cualquier lugar de la página dentro de la etiqueta <script> (entre <script> y </script>). Ahora con la aparición de XHTML se ha restringido el uso de estas etiquetas y tan sólo se puede meter dentro de la etiqueta <head> y se tiene que tratar el código Javascript como una sección CDATA.

Una sección CDATA tanto en XML cómo en SGML es una parte del documento que incorpora etiquetas que no se quiere que se paseen y que por lo tanto, dentro de esta sección, son marcados por que sean interpretados como simple texto en parte del lenguaje de marcaje. Estas secciones empiezan con <![CDATA[y acaban con]]>, pero para aumentar la compatibilidad con los navegadores que no soportan XHTML y que lo leen como si fuera HTML a veces se cierran las etiquetas <![CDATA[y]]> dentro de comentarios, así: /* <![CDATA[*/ y /*]]> */. Un ejemplo de código Javascript dentro del ejemplo que ya se ha dado de XHTML sería:

```
<?xml version="1.0" encoding="UTF-8"?>
<!DOCTYPE html PUBLIC "-//W3C//DTD XHTML 1.0 Strict//EN" "http://www.w3.org/TR/xhtml1/DTD/xhtml1-strict.dtd">
   <html xmlns="http://www.w3.org/1999/xhtml">
    <head>
      <title> Ejemplo de página XHTML </title>
      <script type="text/javascript">
      /* <![CDATA[ */
      /* ]]> */
      </script>
    </head>
    <body>
      <p>
        Seleccione un día:
        <br />
        <br />
        <select name="día">
          <option selected="selected">Lunes</option>
          <option>Martes</option>
          <option>Miércoles</option>
        </select>
      </p>
    </body>
   </html>
```

El motivo por el cual se tiene que insertar el código bajo una sección CDATA es porque a veces se introduce el carácter < o > cuando se programa con Javascript, sobre todo dentro de estructuras condicionales y bucles. Cuando esto pasa, si el código no está dentro de una de estas estructuras el navegador interpreta que con < se empieza una etiqueta XHTML, lo que ocasiona una ruptura del código y un error en tiempo de ejecución.

Hay otra opción, más recomendada, que es la de no incorporar el código Javascript en la misma página sino transmitirlo en un archivo aparte. De este modo se separa la estructura de la programación aprovechando los beneficios que esto comporta. Para incorporar un archivo externo con código Javascript al (X)HTML tan sólo hace falta incluir la URL del archivo al atributo *src* de una etiqueta <script> vacía, así:

```
<script type="text/javascript" src="ruta/archivo.js"></script>
```

La librería Prototype que se nombraba anteriormente es un simple archivo con código Javascript dentro, y se tiene que adjuntar de este modo en las páginas.

A pesar de que la especificación XML nos dejaría ahorrarnos la etiqueta </script> de cierre, cerrándola antes con />, es mejor no hacerlo porque Internet Explorer no lee etiquetas <script> cerradas así. Tampoco lee *scripts* con "*application/javascript*" como valor al atributo *type*, a pesar de ser este el aconsejado y "*text/javascript*" el obsoleto. Por suerte, cerrar la etiqueta de este modo y especificar un *type* con "*text/javascript*" no infringe los estándares.

La aparición de XHTML también ha comportado la desaparición de muchos atributos utilizados para definir las funciones Javascript que se tienen que ejecutar cuando pasan diferentes eventos. Algunas de estas etiquetas son la "*onload*", la "*onmouseover*" o la "*onchange*", a las que se se les aplica como valor una función Javascript que se ejecuta cuando se carga la página, cuando el cursor pasa por encima del elemento definido por la etiqueta con este atributo o cuando el contenido del campo de formulario al que se le aplica cambia, respectivamente. Estos atributos han quedado desaprobados y lo que se aconseja es especificar estos acontecimientos desde el mismo código Javascript (desde el DOM, concepto explicado más adelante), haciendo la aplicación mucho más entendedora y sostenible y usando el código XHTML para lo que realmente sirve: para describir datos y no comportamientos o formatos. Esta técnica de separar el código Javascript del contenido HTML se denomina Javascript no obstructivo.

Conceptos básicos de programación

En Javascript, como en otros muchos lenguajes de programación, una de las bases que sostienen el lenguaje son las variables. Estas son estructuras de datos que pueden cambiar durante la ejecución del programa y que reciben un nombre. Para asignarle un valor a una variable hay que escribir el nombre de esta seguido del operador de asignación (=) y el valor que se quiere darle. Estos valores pueden ser cadenas de caracteres (textos, largos o cortos), números, valores booleanos y objetos complejos. Aquí tenemos ejemplos de asignación de variables:

```
nombre = "Antonio Machado";
año_muerto = 64;
frase = 'Machado dijo: "Caminante no hay camino, se hace camino al andar".';
gen98 = true;
```

En el anterior código se asigna valor a cuatro variables. A la primera, denominada *nombre*, se le aplica una cadena de caracteres, que se marca al comienzo y al final por comillas dobles (") o simples ('); la segunda variable tiene asignado un valor numérico, al que no le hace falta comillas; la tercera también tiene asignada una cadena, esta marcada por comillas simples, de este modo las cadenas dobles que contiene no afectan en la interpretación del código; la cuarta tiene asignada un valor booleano, es decir, un valor que tan sólo tiene dos opciones, verdadero (*true*) o falso (*false*). Los nombres de las variables pueden contener minúsculas, mayúsculas y números, estos últimos no pueden estar a comienzos del nombre.

Con el uso de operadores matemáticos se pueden hacer operaciones con números:

```
número1 = 1500;
número2 = 2000;
suma = número1 + número2;
```

```
mediana = suma / 2;
```

Primero se definen dos variables, número1 y número2, con dos números numéricos y se define otra, suma, con la suma de las dos primeras (es decir, 3500). Finalmente, a la variable mediana se le asigna el valor de la suma dividido entre 2, que es 1750. Existen otros operadores como el operador resta (-) y el operador multiplicación (*), que, obviamente sirven para obtener la resta y la multiplicación.

También se han implementado al lenguaje operadores relacionales y lógicos basados en el álgebra de Boole y que, por lo tanto, generan valores booleanos. Los relacionales son los operadores más grande que (>), más pequeño que (<), igual que (==), diferente que (!=) y combinaciones, que tienen sentido en la comparación de números pero que también se pueden utilizar en cadenas de caracteres, donde se seguirá el orden alfabético.

```
var1 = 5 < 6;
var2 = 3 > 4;
var3 = "a" < "z";
var4 = "A" < "a";
```

Así pues, cuando el navegador ejecute el código la primera variable recibirá como valor *true*, puesto que 5 es más pequeño que 6; la segunda será *false*, puesto que 3 no es más grande que 4; las otras dos serán *true* porque la letra "a" está situada antes en el abecedario que la "z", y toda letra mayúscula es más pequeña que toda letra minúscula.

Se pueden complicar aún más estas estructuras con la adición de operadores lógicos: AND (&&), OR (||), XOR (^) y NOT (!). AND requiere que los dos valores booleanos que une sean *true* para devolver *true*, OR que al menos uno de los valores que une sea *true*, XOR devuelve *true* si uno de los dos que une lo es, pero no si los dos, y NOT cambia el *true* por el *false*.

```
var1 = false && true;
var2 = (5 < 6) || (3 > 4);
var3 = !var2;
```

A var1 se le asigna *false* porque el operador AND (&&) requiere dos *true* para devolverlo; *var2* será *true* porque a pesar de que 3 no es mayor que 4, 5 si que es menor que 6; y var3 será lo contrario de var2, es decir, *false*.

Es obvio que los valores de todas estas variables no estarán siempre dentro del código, sino los programas siempre tendrían el mismo comportamiento. Los valores de estas variarán según lo que el usuario meta dentro de los campos de formulario definidos con (X)HTML, principal método que tiene Javascript para interactuar con él, pero también de la información recibida del servidor u otras circunstancias como pueden ser, por ejemplo, el día o la hora de ejecución del *script*.

Otro elemento común en todos los lenguajes de programación parecidos a C son las funciones. Estas son porciones de código, subalgoritmos, muy útiles para proyectos complejos, puesto que permiten un cierto orden en la aplicación y además su reutilización. Aquí está el ejemplo de la media estructurado en forma de función:

```
function hacer_media (número1, número2){
 suma = número1 + número2;
 mediana = suma / 2;
 return mediana;
}
media1 = hacer_media (1500, 2000);
media2 = hacer_media (3, 5);
media3 = hacer_media (-6, 4);
```

La función *hacer_media* tiene dos parámetros, *número1* y *número2*, que son dos variables que se especifican al ejecutarla. Estas dos variables se suman y se le asignan a la variable *suma*, que entonces se divide por 2, se le asigna a la variable mediana el resultado y finalmente es devuelto por la función. De momento, todavía no se ha hecho ninguna operación, sino que se realiza cuando se ejecuta la función para asignarle el valor que devuelve esta a la variable *mediana1*, *media2* y *media3* cuando se hacen todas las operaciones matemáticas. La variable *mediana1*, pues, recibirá el valor numérico 1750 porque le pasa como parámetros a la función los valores 1500 y 2000; *media2* 4, al pasarle 3 y 5; y media3 -1, al pasarle como parámetros el 6 y el 4. La reutilización del código que permiten las funciones es claramente muy ventajosa.

Pero no toda la programación Javascript se reduce a simples operaciones matemáticas contenidas dentro o fuera de funciones. Existen estructuras de control que permiten conducir la interpretación del código según las variables dadas, las estructuras condicionales y los bucles.

La estructura condicional más común es *if-else*. Esta analiza una condición, y si es cierta (*true*) ejecuta las sentencias del primer bloque, y si es falsa (*false*) ejecuta las sentencias del bloque *else* si este está presente (el bloque es opcional). Aquí el ejemplo:

```
if (vale1 != vale2){
 vale2 = vale1;
else{
 vale1 = vale2;
}
```

En el ejemplo, si el valor de vale1 y vale2 son diferentes a vale2 se le define el valor de vale1, y si son igual al revés.

Son menos comunes las estructuras swich, pero son muy útiles cuando se tiene más de una condición:

```
switch (letra){
 case 'a':
 nombre = "Alba";
 break;
 case 'b':
 nombre = "Bart";
 break;
 case 'c':
 nombre = "Cinta";
 break;
 case 'de :
 nombre = "David";
 break;
 case 'e':
 nombre = "Evaristo";
```

```
    break;
default:
nombre = false;
}
```

El ejemplo le asigna a la variable *nombre* un nombre de persona si *letra* contiene una de las cinco primeras letras del alfabeto, y si no, le asigna *false*.

Los bucles son estructuras que repiten un código tantas veces como las condiciones especifican. Hay esencialmente de dos tipos, los definidos, en los que se especifica el número de repeticiones y los indefinidos, en los que no se especifica y estos paran su ejecución cuando se cumplen unas determinadas condiciones.

Los bucles *while* son los bucles indefinidos más utilizados. Tan sólo hace falta especificar la condición que mientras sea cierta hará que el bucle continúe repitiéndose. Si quisieramos saber el múltiplo de 7 más próximo a 1000 pero sin que lo supere, haríamos:

```
while (mult < 1000){
 mult = mult + 7;
}
```

Los bucles *for* son un tipo de bucles definidos en los que se especifica, además del código que se repite dentro del bucle, unas variables iniciales, una condición de repetición, como la especificada en los bucles *while*, y una expresión que modificará las variables iniciales para aproximar su valor al que hace la condición de repetición falsa, para así finalizar el bucle. A pesar de que parecen a simple vista muy complicados, no lo son nada en realidad.

```
for (y=0; y 100;<y++){
   números = números + ", " + y;
}
```

El ejemplo generaría una cadena con 100 números, del 0 al 99, separados con comas. Hay que decir que el operador suma (+) además de servir para sumar números sirve para unir cadenas.

Una vez vistos los elementos más básicos, veremos ahora la tipología de valor de variable que nos queda por explicar, los objetos complejos, es decir, los que no son ni cadenas, ni números ni valores booleanos. Pasamos ahora a la programación orientada a objetos (abreviado POO).

Iniciación al POO

La programación orientada a objetos (POO) es un paradigma de la programación, una manera de programar, que en vez de basar esta en variables y funciones, la basa en estructuras más complejas llamados objetos. Javascript soporta alguna de las características de este tipo de programación que permite hacer hacer los programas más fáciles de escribir, mantener y reutilizar.

Los objetos se especifican como si se trataran de simples variables, identificándolos como identificábamos antes a estas. Lo que es diferente, y a la vez innovador, es a estos objetos, una vez creados e identificados, se les pueden asignar propiedades y métodos.

Las propiedades son estructuras de datos como las variables en la programación tradicional, pero que pertenece al objeto y que describen alguna de sus cualidades. Al igual que las variables, el tipo de datos de sus valores pueden ser cadenas (*strings*), números, booleanos u otros objetos.

Los métodos también son una serie de líneas de código como las funciones pero que sirven para interactuar con el objeto y modificarlo. Como las funciones tradicionales, aceptan tantos parámetros como se les quiera pasar y pueden devolver algún valor.

Se ha desarrollado un formato ligero para definir los objetos con sus propiedades y métodos, denominado *Javascript Object Notation* (JSON). En esta notación, los objetos están cerrados entre llaves ({ y }), y dentro de estas se definen las propiedades y los métodos, separados por comas (,). El operador de asignación utilizado no es el signo igual (=) sino que son los dos puntos (:), y los métodos se definen como funciones de la manera como se muestra en el ejemplo siguiente:

```
libro={
 "titol": "Software libre para una sociedad libre",
 "autor": "Richard Stallman",
 "ISBN": "84-933555-1-8",
 "idioma": "SE",
 "precio": 16.5,
 "cambiarPrec": function(nuPrec){
 this.precio= nuPrec;
 }
 "pasarPtes":function(){
 return this.precio*166.386;
 }
 "pagines": 317,
 dimensiones:{alto: 21.5, ancho: 15}
}
```

Una vez definido el objeto, se puede acceder a cada una de sus propiedades y métodos escribiendo el identificador del objeto seguido de un punto y el nombre de la propiedad o el método:

```
var1 = libro.precio;
libro.cambiarPrec(var1+3);
var2 = libro.precio;
var3 = (var1==var2);
var4 = libro.pasarPtes();
```

La variable *var1* recupera el precio del libro, 16.5 €, se llama el método cambiarPrec y se sube tres euros, por lo tanto, al volver a recuperar con *var2* el precio este es 19.5, y la var3 es *false* porque no son el mismo. La var4 contendrá el valor que devuelve el método pasarPtes, que, habiéndose subido 3 €, será 3245 ptas.

JSON también es muy utilizado para pasar información (con propiedades) y comportamientos (con los métodos) cuando se utilizan técnicas AJAX, en vez de hacerlo con XML. Cuando el navegador recibe el código JSON, lo recibe en formato de cadena de texto y para ejecutarlo se tiene que valer de la función, ya predefinida por el lenguaje, *eval()*, que ejecuta el código de la cadena que se le pasa como parámetro.

El lenguaje Javascript ya trae incorporados algunos objetos predefinidos que permiten un control mayor sobre el navegador. Estos son el *window*, el *navigator*, el *screen*, el *history*, el *location* y el *document*, todos pertenecientes al Modelo de objetos del documento (DOM), estandarizado por el W3C y explicado en el siguiente apartado.

También hay que destacar la existencia del objeto Math que aumenta las capacidades de cálculo de Javascript. Sus propiedades son constantes matemáticas como el número pi, el número e, y otras más específicas como el logaritmo neperiano de dos o la raíz cuadrada de un medio. Entre sus métodos tiene las funciones trigonométricas, la potencia, la raíz cuadrada, el logaritmo neperiano, y otros.

La programación orientada a objetos también incorpora unas estructuras llamadas clases que funcionan como moldes de objetos. A partir de estas estructuras que definen unas propiedades y unos métodos iniciales, se pueden crear objetos, denominados también, en este caso, instancias de clase, que se personalizan durante la misma creación o una vez creados.

Javascript también proporciona unas clases predefinidas muy útiles a la hora de programar. Estas son *Array*, que trabaja como una variable con múltiples valores, cada uno de ellos identificados normalmente con un número, un índice; *Data*, que permite definir una fecha y obtener después aspectos como el día de la semana. Incluso los mismos *String* (cadenas), *Number* (números) y *Boolean* (valores booleanos), posibles tipos de valores de las variables, son clases, y los valores almacenados en las variables son instancias de estos. Una cadena almacenada en una variable, por el simple hecho de ser una instancia de la clase String, tiene toda una serie de métodos y propiedades que permiten al programador modificarla y sacar información, como por ejemplo el método *toUpperCase()* que cambia todos los caracteres de la cadena a mayúsculas o la propiedad *length* que informa de cuántos caracteres tiene la cadena.

Document Object Model

El DOM es la colección de objetos que permiten modificar el comportamiento del navegador y más concretamente del documento (X)HTML en el que trabajan. A pesar de estar estandarizada por la W3C desde el año 1998, cada navegador ha realizado desde hace relativamente poco su implementación del DOM, lo que ha ocasionado muchos dolores de cabeza a los desarrolladores.

El objeto *window* es el objeto raíz de toda la jerarquía que describe el contenido del documento (DOM). Desde este anteriormente se controlaban los *frames* de la página, que actualmente han sido desaprobados, el mensaje que salía en la barra de estado, ahora generalmente desactivado desde los mismos navegadores, y permitía la creación de pop-ups, que ahora son parcialmente bloqueados por los navegadores. Sus métodos *alert()*, *confirm()* y *prompt()* permiten hacer salir cuadros de diálogo, que tampoco se acostumbran a usar actualmente. Quizás los dos métodos más utilizados del objeto son el *setTimeout()* y el *setInterval()*, que tienen la función de temporizadores.

El objeto *location* es una propiedad de window, por lo tanto se tendría que acceder a él mediante *window.location*, pero no hace falta especificar el window delante. El objeto *location* trabaja con la URL actual, de forma que sus propiedades irán enfocadas a esta. Tiene la propiedad *protocol*, que permite saber el protocolo utilizado (normalmente *http:* o *https*;) o definirlo, y hostname, que devuelve el nombre de dominio, pero la que tiene más uso es *href*, que devuelve toda la dirección URL y la permite definir. La propiedad *href* también se puede eludir, de forma que el simple objete *location* sirve para obtener o definir la dirección.

El objeto *history* se asemeja mucho al objeto *location*. Sirve para hacer ir al usuario adelante o atrás de su historial, e incluso saber cuántas páginas tiene guardadas. No permite, no obstante, saber las páginas que ha visitado, cosa que violaría la privacidad del usuario.

El objeto *navigator* permite saber qué navegador está visualizando la página y su versión, cosa que puede ser muy útil cuando se quiere que los *scripts* sean compatibles con todos los navegadores.

El objeto *screen* permite saber, mediante las tres propiedades que tiene, la resolución de la pantalla de quien usa el navegador y su profundidad de color. No es muy útil.

Finalmente, el objeto *document* es el responsable de la modificación dinámica de los elementos de la página. Es el más complejo y el más utilizado de los objetos del 'window', y a la vez el que más problemas ha traído a la hora de implementar por parte de los navegadores. Actualmente, todos los navegadores soportan más o menos bien la recomendación que hace el W3C, y que permite cambiar la estructura de los documentos XML y XHTML (es importante que tengan una estructura tan estricta como XML para hacer una cosa así) o modificar los atributos de sus elementos.

Los métodos que permiten hacer esta reesrtucturación son *createElement()* para crear nuevos nodos y *appendChild*() para insertarlos dentro de elementos del documento. El *removeChild()* los elimina.

El método *getElementById()* permite encontrar dentro del documento el elemento con el identificador único (atributo id) que se le especifica como único parámetro. El resultado se puede tratar como un objeto Javascript, así que se puede acceder a los elementos que contiene o incluso cambiarle el estilo CSS muy fácilmente. Al ser un método que se puede llamar desde cualquier nodo y no tan sólo desde el objeto *document*, podríamos coger el nodo resultante y hacer otra búsqueda de un elemento que esté dentro de este nodo.

Los métodos *getElementsByName()* y *getElementsByTagName()* también permiten encontrar los elementos que tengan por nombre (atributo name) y nombre de etiqueta la cadena que se pasa como parámetro, respectivamente. Cómo pueden ser más de uno, al contrario de lo que pasaba con *el getElementById()*, lo que devuelven es una lista de nodos que pueden ser accedidas mediante un bucle.

Los atributos pueden ser accedidos mediante *getAttribute()*, con el atributo como parámetro, y modificarlos con *setAttribute()*, con el atributo como primer parámetro y su valor como segundo. Para modificar el interior de la etiqueta tan sólo hace falta cambiar el valor de la propiedad *innerHTML* que tienen todos los elementos.

Los eventos, principales causas de dinamismo en la página, se especifican ahora aquí, no como atributos sino como métodos del elemento. En el ejemplo siguiente se eliminará el texto del elemento con ID contenedor cuando se pase el ratón por encima:

```
el = document.getElementById("contenedor");
lo.onmouseover=function(){
 this.innerHTML="";
}
```

Lenguajes de servidor, PHP y Ruby

Cómo ya se ha explicado, la estructura de la World Wide Web está basada en una arquitectura cliente-servidor. Cualquier ordenador conectado en Internet y con un navegador puede ser un cliente, que hace peticiones de páginas web, las recibe de los servidores y las dispone en el navegador. Una máquina servidor en ningun momento necesita de un navegador para realizar peticiones, lo que necesita es un programa que reciba estas peticiones, las procese y envíe la página pedida al navegador del ordenador cliente. Estos programas se denominan programas servidores.

Los dos más utilizados hoy en día son el Apache y el Microsoft IIS. El Apache es multiplataforma, es decir, se puede instalar en Windows, Mac Os, GNU/Linux y otros sistemas Unix, y además es software de código abierto, de forma que cualquiera puede aportar mejoras al código de este. El IIS, en cambio, no es software libre y tan sólo está disponible para la plataforma Windows, lo cual le está haciendo perder mucho mercado porque la tendencia actual es migrar los servidores a GNU/Linux por la falta de seguridad que presentan los servidores Windows.

Los primeros servidores HTTP, no los mencionados ahora, se limitaban a enviar a los ordenadores clientes los documentos igual como los tenían en sus discos duros. Era la llamada Web 1.0, concebida como una gran biblioteca virtual. Pero pronto se tuvo la necesidad de dinamizar estas páginas para que interaccionaran con el usuario y fue por esto que se empezó a programar al servidor con programas CGI.

Estos programas eran usualmente escritos en C o Perl y respondían a los datos que introducían los usuarios con los formularios que ya habían aparecido con la segunda versión de HTML. Estos programas se comunicaban con el servidor con un estándar llamado CGI, acrónimo de *Common Gateway Interface*, y es por eso que se denominan así. A pesar de ser un gran adelanto tecnológico, al poder dinamizar las primeras páginas web, estos programas presentaban problemas graves de seguridad y sobrecargaban en exceso la máquina servidor al tratar cada visita como un proceso independiente.

Esto se solucionó con la entrada de Java en el campo de los servidores web. Se desarrollaron los *servlets* Java, objetos que permitían gestionar todas las peticiones de ejecución de código del servidor web sin importar la cantidad de clientes que se conectaban al mismo tiempo desde un solo proceso e impedían que el programa servidor pudiera ejecutar programas instalados en el sistema operativo de la máquina, mejorando así la seguridad. Sun, la empresa que desarrolla Java, también apostó por los *applets* que se ejecutaban en el navegador del usuario, junto al cliente, y que se podían comunicar con *los servlets* para recibir y enviar información. Actualmente los applets Java han sido desplazados por las animaciones Flash, que cuesta mucho menos cargar. Aún así, estos primeros todavía son usados en algunas ocasiones para realizar aplicaciones web muy complejas como pueden ser juegos online en 3D.

Los *servlets* Java también han sido un poco desplazados por el lenguaje PHP y la tecnología ASPE y ahora están más destinados a proyectos muy complejos a los que estos no llegan. El lenguaje PHP, que nació como un conjunto de herramientas que servían inicialmente para dinamizar ciertos aspectos de la página de su autor, ha evolucionado hasta convertirse en la mejor opción de lenguaje del lado del servidor a día de hoy. destaca su facilidad y presenta muchas diferencias respecto a los programas CGI (es decir, que se comunicaban con el programa servidor mediante este estándar) y los servlets, la principal ventaja de estas es que se puede combinar con el lenguaje (X)HTML, dando lugar a las *páginas de servidor*.

El competidor más destacado de PHP es el ASPE (*Active Server Pages*), una tecnología propiedad de Microsoft que permite ejecutar junto al servidor lenguajes como el VBScript y el JScript para también crear *páginas de servidor*. El VBScript (*Visual Basic*

Script) es una variación del lenguaje Visual Basic que puede servir tanto para crear páginas web (bajo ASPE), como ser ejecutado en un entorno Windows o, incluso, como un lenguaje similar al Javascript que tan sólo puede ser ejecutado por Internet Explorer. Por otro lado ya hemos hablado del JScript; es la implementación que hace Microsoft del estándar ECMAScript y que se puede usar tanto en este navegador como en un servidor con ASPE (hay que especificarlo con un atributo HTML no estandarizado). Tanto ASPE como VBScript y JScript han sido incluidos dentro de la nueva plataforma .CLEAR de Microsoft, y es por eso que recientemente han sufrido algunos cambios.

Cuando una de estas *páginas de servidor* es pedida por un ordenador cliente, el servidor en vez de enviarsela directamente al navegador como pasaba con la Web 1.0, la entrega antes a un intérprete para que extraiga las porciones de código que no sean (X)HTML, es decir, que sean del lenguaje del servidor utilizado y ejecuta las tareas descritas en este, normalmente modificando las propias páginas y preparándolas para ser enviadas al navegador. El cliente no recibe el código que se ha ejecutado en el servidor, sino el resultado.

También es posible generar contenido dinámico que no sea (X)HTML. Son muchas las extensiones que se han desarrollado para PHP y ASPE que permiten crear y modificar archivos de naturalezas tan diferentes como imágenes, documentos PDF o animaciones vectoriales Flash.

Este es el caso de las imágenes creadas dinámicamente que utilizan muchos lugares para comprobar si el usuario que está rellenando la página es una persona o un robot. Se pide que se llene un campo más del formulario con las letras que aparecen en la imagen de una manera distorsionada, y de este modo se evita que programas automatizados, que no son capaces de comprenderlas, llenen los formularios con contenido publicitario (SPAM) o para evitar la creación automatizada de cuentas de usuario. Esto presenta problemas para los discapacitados visuales que les impone barreras al no poder ver estas imágenes. Los lugares que las incorporan, sin embargo, también disponen de una versión sonora, también difícil de romper para los robots informáticos.

Además, los programas de servidor pueden acceder al sistema de ficheros de la máquina servidor para informar al usuario de cuáles son sus archivos y carpetas. También permiten modificar cualquiera de estos archivos, borrarlos o crear de nuevos.

Otro uso muy importante que se les ha dado ha sido conectarlos a sistemas gestores de bases de datos para seleccionarlas, trabajar con ellas y enviarlas, a través del servidor, al navegador del ordenador cliente. Entre los gestores de bases de datos relacionales (RDBMS) más utilizados en el ámbito web, se encuentran el MySQL (libre y el más utilizado en PHP), el Oracle (sobre todo utilizado con Java) y Microsoft SQL (muy utilizado en ASPE). También destacan otras ofertas libres como Firebird o PostgreSQL.

Todos los anteriores soportan, en mayor o menor medida, el lenguaje de consulta SQL que permite crear, modificar y eliminar tablas de la base de datos e insertar y recuperar datos de sus filas. Por lo tanto, su conocimiento es imprescindible para cualquier desarrollador que quiera manejar bases de datos desde el lenguaje de servidor que utilice.

PHP

PHP (*PHP Hypertext Pre-processor*) es un lenguaje de programación interpretado que normalmente se ha utilizado para el desarrollo de páginas web junto al servidor, y es, en este campo, el más utilizado. Aún así, también ha sido utilizado más recientemente para realizar aplicaciones de escritorio con interfaz gráfica en entornos Gnome y KDE (usuales en plataformas Une como GNU/Linux).

El lenguaje fue creado inicialmente por Rasmus Lerdorf en el año 1994 como un conjunto de programas CGI programados en lenguaje C utilizados para uso personal. Puso la herramienta a disposición pública en el año 1995 y no tardó en aparecer una comunidad de usuarios dispuestos a continuar su trabajo. En el año 1997 se presentó PHP2, la segunda versión de PHP a la que se le añadía el interpretador de formularios (*Form Interpreter*) del mismo autor.

En el mismo año dos de los programadores de la amplia comunidad que estaba reuniendo PHP, Zeev Suraski y Andi Gutmans, reescribieron el código del analizador sintáctico de PHP, y basándose en este, la tercera versión de PHP fue presentada en el año 1998.

En el año 1999 los mismos programadores anunciaronn PHP 4.0, la versión más extensa hasta aquel momento de PHP. Esta incorporaba un nuevo motor, el *Zend Engine* que tenía más rendimiento y reconocía nuevos elementos sintácticos del lenguaje. El nombre de Zend proviene de de los nombres de los dos programadores (*Zeev* y *Andy*).

La versión 5 tardó mucho más en aparecer, puesto que no lo hizo hasta el año 2004, pero las novedades que incorporaba fueron notables. Presentaba una nueva versión del motor del lenguaje, el *Zend Engine 2*, que presentaba nuevas funcionalidades como un mejor apoyo para la programación orientada a objetos, para MySQL, para XML y para SOAP, además del control de excepciones, de nuevas funciones, etc.

Ruby

Ruby también es un lenguaje de programación interpretado donde todos los tipos de dato son un objeto, incluidas las clases, y todas las funciones son métodos, incluidas las creadas por el usuario fuera de las clases, que pasan a ser métodos del objeto raíz *Object*.

Está pensado para la productividad del programador y no de la máquina. Es un lenguaje simple pero muy poderoso.

En el ejemplo se puede observar como se definen dos Arrays (dos variables/objetos con múltiples valores) y entonces se restan, cosa muy poco común en otros lenguajes de programación (tanto en PHP cómo en Javascript tan sólo se pueden restar números).

```
ciudades  = %w[ Londres
                Oslo
                Paris
                Amsterdam
                Berlín ]

visitadas = %w[Berlín Oslo]

hedes "Ya tan sólo me quedan " +
    "por visitar " +
    "las siguientes ciudades:",
    ciudades - visitadas
```

El lenguaje escribiría en la página el siguiente mensaje:

```
Ya tan sólo me quedan por visitar las siguientes
ciudades:
Londres
Paris
Amsterdam
```

El lenguaje fue creado por el programador japonés Yukihiro "Matz" Matsumoto, quién empezó a trabajar en él en el año 1993 y lo presentó en 1995. Aún así, no tuvo éxito hasta que salió el framework para Ruby denominado Ruby on Rails en 2005.

Ruby on Rails es un marco de trabajo que permite desarrollar aplicaciones web muy ágilmente, aportando nuevas funciones al lenguaje Ruby enfocadas a separar los datos, el diseño y el código (la programación). Además, está muy integrado con la librería Prototype de Javascript.

AJAX

El concepto de AJAX une antiguas tecnologías para elaborar una técnica de desarrollo que permite crear aplicaciones web más interactivas con el usuario que las de la Web 1.5.

Ya hemos hablado que con la aparición de los CGI, la web se hizo más dinámica. Estos lenguajes ya podían coger datos de bases de datos que se actualizaban constantemente con nuevos contenidos, lo que hacía que la web cambiara con mayor frecuencia que con la Web 1.0, que cambiaba cuando el administrador hacia una moficación en la web guardada en su ordenador y la colgaba.

Aún así, para recibir los nuevos contenidos los usuarios tenían que volver a bajar la página ellos mismos (recargarla desde el botón *Actualiza la página* de los navegadores) o cuando convenía la página ya tenía un comportamiento adherido para actualizarse constantemente. Es el caso de los chats; los primeros que surgieron tenían una etiqueta HTML que hacía actualizar las páginas cada cinco segundos para recibir los nuevos mensajes. Cada vez que se recargaba la página, sin embargo, se volvía a bajar toda, la aplicación del chat incluida, y no tan sólo los mensajes, que era lo que importaba actualizar.

Esto se intentó solucionar después, cargando los mensajes nuevos dentro de *iframes* que son etiquetas HTML que permiten mostrar una página web dentro de otra de principal. Con Javascript (un lenguaje interpretado que lee el navegador) se podía actualizar el contenido del *iframe* para recibir los mensajes nuevos o incluso enviar los mensajes del usuario con otro *iframe*.

Este fue un método muy aceptado para la creación de chats pero presentaba algunos inconvenientes como tener dos *iframes* incrustados dentro de la página y mucho código Javascript para su manejo. La alternativa que se ha popularizado en los últimos años ha sido sustituir los *iframes* por el objeto *XMLHTTPRequest* de

Javascript, con el cual se puede hacer toda la operación descrita antes exclusivamente con Javascript y de una manera más elegante.

Mashups

Así como el *blogging* ha revolucionado la publicación on-line, los *mashups* han revolucionado el desarrollo web. Un *mashup* es una porción de página web que utiliza datos disponibles públicamente de otra página, mostrándolas según los parámetros especificados por la primera.

Tenemos páginas que ofrecen datos como Google Maps (ofrece datos cartográficos), Flickr (sus usuarios pueden colgar fotografías), Youtube (tiene una amplia base de datos de vídeos colgados por los usuarios) que ofrecen información de como integrar estos datos, estos contenidos, en otra página. Es tan fácil como copiar el código HTML o Javascript que nos dan y engancharlo.

En el caso de YouTube, en la página de visualización del vídeo ya sale en la parte izquierda el código que se tiene que insertar en la página para poder incluir la aplicación Flash que permite reproducir el vídeo. La misma web da algunas opciones de personalización como el color. Pasa lo mismo con otras webs como Last.fm o Flickr, tan sólo hace falta copiar el código.

Con Google Maps la implementación es un poco más difícil. Se tiene que definir la latitud y longitud iniciales, además de la proximidad en tierra y las dimensiones en la página desde Javascript. Ofrece muchas opciones incluyendo, incluso, poder dibujar en el mapa rutas propias y realmente este es el sentido real de una aplicación mashup. Utilizar unas herramientas (unas órdenes específicas recogidas en lo que se denomina APIO) y unos datos que da el servicio para incrustarlo en una nueva página, modificándola a gusto del desarrollador.

Así pues, si se tiene en mente un proyecto web para una casa rural, se puede crear un apartado en la página web que explique como llegar insertándole un mapa de Google Maps y marcando la localización de la casa dentro del pueblo, o incluso mostrando las diferentes excursiones que organiza utilizando la parte del APIO que sirve para dibujar líneas. El APIO también permite aportar imágenes propias.

Los microformats

Los microformats son porciones de código HTML estándar que permiten añadir más información y significado a los datos ofrecidos en las páginas web que entonces pueden ser utilizadas por otras aplicaciones, como los buscadores. De alguna manera se dan a determinados elementos de la página una carga semántica que no está disponible en los estándares HTML promulgados por la World Wide Web Consortium (W3C).

Un microformat muy conocido es lo *rel-nofollow*, que se aplica en los enlaces de una web cuando no se quiere que un buscador indexe (guarde en su base de datos) la página. Su aplicación al enlace es muy simple, tan sólo hace falta añadir el texto *rel="nofollow"* dentro de la etiqueta del enlace, a modo de atributo, y ningún buscador que soporte este microformat entrará para indexarla. Quedaría algo cómo esto:

```
<a href="http://url.cat/" rel="nofollow">texto enlazado</a>
```

Además de meter como contenido del atributo *rel* los enlaces, también es común meter microformats dentro de los atributos *class* y *rev*. Así pues, si quisiéramos remarcar un punto geográfico dentro de una página utilizaríamos la especificación *geo* de una manera parecida a esta.

```
<span class="geo">
    <span class="latitud">52.48</span>, <span class="longitud">-1.89</span>
   </span>
```

Son utilizados, además, para indicar que un texto se trata de una dirección de correo, información de un contacto, un currículum vitae o para indicar que un enlace se trata de una etiqueta (una *tag*), una licencia, la página principal del lugar o incluso un enlace a una página de pago seguro como PayPal. La lista de estos va creciendo en Microformats.org, página donde se mantienen y se especifican todos, además de estar una wiki abierta para proponer nuevos.

OpenSearch

Finalmente, hay que destacar la nueva implementación que han sufrido los navegadores modernos más importantes (Internet Explorer y Mozilla Firefox) con la caja de busqueda que han situado junto a la barra de dirección y que es compatible con OpenSearch. Esto permite que la persona que está usando el ordenador no tenga que acceder a ninguna página de ningún buscador para realizar su búsqueda, sino que ya tiene integrado el motor de búsqueda en el navegador y por lo tanto sólo le hace falta seleccionarlo, introducir el texto a buscar y pulsar la tecla Intro para realizar la búsqueda y recibir los resultados directamente.

Además, los mismos navegadores facilitan la inserción de nuevos motores de búsqueda cuando la página los informa de que tiene uno propio e incluso Mozilla Firefox ha incluido algunas capacidades de búsqueda no incluidas en la especificación OpenSearch, como por ejemplo las sugerencias de búsqueda. Informar al navegador de la existencia de uno de estos motores de búsqueda es tan fácil como insertar esta etiqueta HTML en la página:

```
<link rel="search"
type="application/opensearchdescription+xml"
title="searchTitle" href="pluginURL">
```

Sustituyendo *searchTitle* por el título de la búsqueda o el nombre del buscador, como por ejemplo "Busca con Google", y pluginURL por la dirección URL que contiene el fichero de descripción OpenSearch, que es un documento XML donde se describen el nombre del buscador, una breve descripción, la URL de su icono, la URL del buscador y la manera en que se tiene que realizar la busqueda.

Ya hemos visto que con Javascript la página puede interaccionar con el usuario cambiando cualquier cosa del documento que este veía, accediendo a esta a través del DOM. Aún así, Javascript presenta limitaciones por sí solo puesto que actúa junto al cliente y no tiene las funciones de los lenguajes de servidor de gestionar bases de datos o acceder al sistema de ficheros del servidor web.

Es por eso que para conocer cualquier cambio que haya ocurrido del lado del servidor, como recibir un nuevo correo, se tenía que recargar la página, con la espera que esto conlleva. También la interacción con este, como rellenar un formulario para que sea guardado en una base de datos, tenía su coste en tiempo, durante el cual el navegador presentaba un fondo blanco, hasta que el servidor respondía.

Los usuarios esperaban paciente o impacientemente a que la página se volviera a cargar, o al menos hasta ahora, con la aparición masiva de páginas que usan AJAX para evitar tanto cómo se pueda esta rotura que se produce al interaccionar con el servidor. Pero, ¿qué es AJAX?

Introducción

Bruce W. Perry empieza de una manera parecida a esta a definir el concepto que se tiene de AJAX y porque realmente "ajax" tiene muchas acepciones, entre las cuales es un equipo de fútbol, una banda de música de Nueva York y un héroe de la guerra de Troya.

AJAX en programación es el acrónimo de *Asynchronous Javascript and XML*, una técnica que permite a través de Javascript enviar y recibir datos (normalmente XML) del servidor sin tener de recargar la página y con independencia de esta, es decir, de una manera asíncrona.

Para conseguirlo hace uso de tecnologías ya existentes y que ya se han explicado anteriormente:

- (X)HTML y CSS, que conforman la presentación de la página
- El Document Object Model (DOM) para interaccionar con el usuario, modificar dinámicamente el (X)HTML y el estilo CSS
- XML y XSLT que se utilizan para transportar los datos y manipularlos
- y la clase Javascript XMLHttpRequest para enviar y recibir los datos de manera asíncrona

Una página que utiliza técnicas AJAX es descargada desde el servidor como cualquier otra, pero, una vez en el navegador, entran en juego varios mecanismos programados con Javascript de tal manera que puede interaccionar con el servidor en segundo plano. Normalmente esta interacción la desencadena el mismo usuario que hace clic sobre algún elemento o cambia el valor de algún campo de formulario de la página, de forma que provoca un evento. Si el evento tiene una función Javascript asignada, esta se ejecuta y si necesita de algún dato que es del servidor hace una petición mediante una instancia de la clase XMLHttpRequest. También puede ser que no sea el usuario quien provoque el llamamiento de la función y que esta esté programada con un método temporizador como el *window.setInterval()* o el *window.setTimeout()*.

El objeto XMLHttpRequest hace una petición al servidor, que este procesa y le devuelve el archivo XML creado dinámicamente como respuesta. Una vez el objeto XMLHttpRequest ha recibido este documento XML, hace un llamamiento a la función Javascript que lo analiza y hace las acciones que tiene que realizar, incluida la de modificar el documento mediante el DOM para avisar al usuario, en caso de que proceda. Este objeto es, pues, el eje vertebrador de toda la arquitectura AJAX.

XMLHttpRequest

Para hacer uso de un objeto XMLHttpRequest se tiene que hacer una instancia de esta clase, de forma que se utiliza un objeto para cada petición. Una vez construido el objeto, este dispone de los siguientes métodos y propiedades:

Método	Descripción
`abort()`	Cancela la petición.
`getAllResponseHeaders()`	Devuelve todos los encabezados HTTP en forma de cadena de texto.
`getResponseHeader(nomHeader)`	Devuelve el valor del encabezado especificado como parámetro.
`open(methodHTTP, URL)`	Especifica el método HTTP con el cual se enviará la petición (normalmente GET o HOST) y la URL de la página de servidor que procesará la petición y devolverá la respuesta. Es posible definir también, con parámetros adicionales, si la petición se hará de una forma asíncrona o no, y el usuario y la contraseña si procede.

`send(content)`	Envía la petición al servidor. Si el método HTTP especificado antes con open era POST, el texto del parámetro *content* será enviado como parte de la petición. Si era GET, como que el contenido ya está definido en la misma URL (ya especificado en el método open) no hace falta especificar aquí nada.
`setRequestHeader(nomHeader, valor)`	Añade un encabezado HTTP a la petición.

Propiedad	Descripción
`onreadystatechange`	Con el se puede definir la función que será llamada cuando la propiedad readyState cambie.
`readyState`	Devuelve el estado del objeto: • 0 = sin iniciar - el método open() todavía no ha sido llamado. • 1 = abierto - el método send() no ha sido llamado. • 2 = enviado - send() se ha llamado y los encabezados y el sido HTTP están disponibles. • 3 = recibiendo - Se está descargando la respuesta, algunos navegadores permiten acceder al texto descargado desde

	responseText. • 4 = cargado - Se ha finalizado la descarga.
responseText	Contiene la respuesta recibida del servidor en forma de cadena de texto. Tan sólo es accesible cuando la propiedad readyState tiene el valor 3 o 4.
responseXML	También contiene la respuesta recibida, pero la da en forma de XML, y es por eso que tan sólo es accesible cuando el readyState está en 4, puesto que hasta que no está todo bajado no se puede hacer el árbol de nodos del XML.
status	Contiene el sido HTTP en código numérico para saber si se ha cargado bien (200), si no se ha encontrado (404), etc.
statusText	También contiene el HTTP, pero como una cadena ("OK", "Not Found", etc.).

Así pues, recibir el documento *precios.xml* una vez la página se ha descargado es tan fácil cómo:

```
oXMLHttp = new XMLHttpRequest();
oXML.onreadystatechange = alCambiar;
oXMLHttp.open('get', 'precios.xml', false);
oXMLHttp.send();
```

Con la primera línea se crea una instancia del objeto XMLHttpRequest, y se le asigna a la variable oXMLHttp. Con la segunda, se le asigna a la propiedad onreadystatchange la función alCambiar(), que no aparece en el código. Esta función será llamada cada vez que el valor de readyState cambie. En este momento su valor todavía es 0 y lo será hasta que no se llame al método open(), la tercera línea. Cuando se llama, se establece el método HTTP utilizado, que será GET, la URL que se pedirá al servidor, *precios.xml*, y el tipo de petición se realizará, síncrona (el tercer parámetro marca si la petición es realizará de una manera síncrona o asíncrona, con los valores *false* y *true* respectivamente).

Al llamarse al método open(), el readyState cambia de 0 a 1, y este hecho llama a la función definida antes con onreadystatechange, alCambiar(), lo que permite definir aquí los encabezamientos HTTP que se enviarán al servidor, y que por lo tanto se tienen que definir antes de que la petición se envíe.

Por último, se llama al método send(), que envía la petición. La propiedad readyState cambia de 1 a 2, lo que también llama a la función alCambiar(). Una vez enviada la petición, el servidor la procesa y devuelve una respuesta, lo cual vuelve a cambiar el valor de readyState, de 2 a 3 y vuelve a llamar a la función alCambiar().

En esta fase ya se puede acceder a los encabezados que ha enviado el servidor, como *Accept-Encoding* que define la codificación utilitada o Content-Length que informa de la medida total de los datos enviados. También es accesible la parte de la respuesta que se va descargando almacenada en la propiedad responseText.

Al finalizar la descarga de la respuesta, esta ya está disponible en su totalidad a las propiedades responseText y responseXML. Ahora ya es trabajo del DOM procesar la respuesta y hacer los cambios en la página para hacerle percibir al usuario los cambios ocurridos en el servidor. Estas acciones también se acostumbran a hacer desde la función definida por onreadystatechange, en este caso alCambiar(), porque al recibir los datos es llamada, puesto que la propiedad readyState ha cambiado de 3 a 4.

Todos los navegadores actuales incorporan esta clase. Mozilla Firefox ya lo incorporaba desde la primera versión (2002), Safari desde la versión 1.2 (2004) y Opera desde su versión 8 (2005). Internet Explorer no ha incorporado esta clase hasta su versión 7

(2006), a pesar de que ya estaba disponible con otro nombre; se tenía que declarar como un objeto ActiveX, de la siguiente manera:

```
oXMLHttp = new ActiveXObject("Msxml2.XMLHTTP");
```

Cómo el objeto XMLHttpRequest también puede recibir respuestas que no sean XML y procesarlas igualmente (con la propiedad responseText), también es muy común utilizar JSON en alguna parte de XML para estructurar la respuesta del servidor. Recibir un objeto Javascript puede presentar muchas ventajas ya que este puede incorporar métodos con código Javascript que XML, aunque fuera un objeto Javascript, no incorporaría. Aún así, muchas veces lo que se descarga del servidor es una porción de código XHTML que se incorpora, sin modificar y mediante DOM, a la página.

Una alternativa al XMLHttpRequest es la de insertar este código JSON directamente en la página con etiquetas <script> dinámicas. Estas etiquetas son creadas dinámicamente mediante DOM y piden al navegador la descarga de un archivo Javascript externo que se encuentra en el servidor, el que le devuelve una respuesta JSON.

A pesar de que es relativamente fácil hacer una aplicación AJAX con los métodos y propiedades que ofrece el objeto XMLHttpRequest o mediante <script> dinámicas, han aparecido implementaciones de AJAX que facilitan mucho más el trabajo, como en el caso de las librerías xaJax y Prototype.

Prototype

Prototype, la librería Javascript de Sam Stephenson de la que se hablaba antes, proporciona un marco de trabajo (un framework) para el desarrollador que quiere hacer páginas dinámicas junto al cliente. La mayor parte del código son extensiones del DOM para hacerlo más fácil y más rápido de usar, como la función $(), que sustituye todo el document.getElementById(). También permite añadir funciones propias a los elementos del DOM, a los nodos del documento, cosa que han aprovechado otras librerías que se construyen sobre Prototype como script.aculo.os.

Prototype también hace muy fácil el uso de técnicas AJAX con su objeto Ajax. Este objeto incorpora otros objetos y clases que simplifican mucho los procesos de enviar peticiones y recibir respuestas del servidor incorporando nuevos métodos que el XMLHttpRequest no tiene. Estas clases y objetos son:

Clase u Objeto	Descripción
`Ajax.Request`	Es la clase que se utiliza para cualquier ámbito AJAX. Se instancïa un objeto de esta clase pasándole como parámetros la URL a la que se hará la petición y las opciones que ofrece la librería Prototype.
`Ajax.Responders`	Es un objeto con dos métodos, uno para especificar las funciones que se llamarán cuando ocurran determinados sucesos a cualquier objeto de estas clases y otro para borrarlas.
`Ajax.Response`	Es la clase que sustituye la clase nativa XMLHttpRequest a la que le añade nuevas propiedades y métodos que mejoran la interacción con JSON, y saca otros que ya están contemplados en otras clases. También mejora la compatibilidad con versiones anteriores de Internet Explorer, en que el objeto XMLHttpRequest no estaba

`Ajax.Updater`	disponible y se tenía que declarar un objeto ActiveX. Clase que permite especificar un elemento del documento para actualizar su contenido con la respuesta del servidor. Al instanciar un objeto, se especifican como parámetros el elemento que cambiará, la URL donde se hará la petición y otras opciones.
`Ajax.PeriodicalUpdater`	Clase que también actualiza un elemento del documento pero de manera repetida en el tiempo. Así pues, se tiene que especificar como parámetro también el tiempo entre una petición y la otra.

Su potencial, además, se aprovecha al máximo cuando se desarrolla utilizando Ruby on Rails junto al servidor. Ruby on Rails tiene automatizada la inserción de la etiqueta <script> de Prototype, y algunas funciones de este último están inspiradas en el lenguaje Ruby. Aún así, se puede utilizar cualquier otro lenguaje para hacer uso de Prototype, al ser esta una librería escrita en Javascript y ejecutada junto al cliente.

Esta es una adaptación del ejemplo que dan en la documentación de Prototype para Ajax.Request:

```
var url = '/proxy?url=' + 
encodeURIComponent('http://www.google.com/search?q=Pro
totype');

new Ajax.Request(url, {
  method: 'get',
  onSuccess: function(transporte) {
```

```
      var anuncio = $('anuncio');
      if
(transporte.responseText.match(/href="http:\/\/prototy
pejs.org/))
          anuncio.update('Sí! Estamos entre los 10
primeros!').setStyle({ background: '#dfd' });
      else
          anuncio.update('Ohh! Estamos por bajo del
número 10...').setStyle({ background: '#fdd' });
      }
  });
```

Lo que hace el código es actualizar el elemento (X)HTML con ID *anuncio* haciendo una petición al servidor una vez descargada la página. Si en la página recibida, en concreto la página de Google cuando se ha buscado la palabra Prototype, aparece el texto «href="http://prototypejs.org/» el contenido del elemento se actualiza con «Sí! Estamos entre los 10 primeros!», con el fondo de color verde, y en caso contrario, se actualizará con «Ohh! Estamos por bajo del número 10...» y el fondo de color rojo.

Si analizamos con detenimiento el código, podemos ver que en la primera línea se declara la variable url con una cadena que contiene la dirección URL de la página de servidor a la que se hará la petición. Le pasa mediante el método GET la variable url con el valor de la página de Google en la que se ha buscado la palabra "Prototype". Esto lo hace porque mediante el objeto XMLHttpRequest tan sólo se pueden hacer peticiones al servidor del que proviene la página, y no a servidores externos. Lo que hace la página llamada /proxy al código es descargar al servidor la página de Google y después enviarla al navegador del usuario.

Con la segunda línea de código se crea un objeto Ajax.Request al que se le pasa como parámetros la variable url antes definida y un objeto creado mediante JSON que comprende hasta la última línea. Este objeto tiene una propiedad llamada method y especifica que las variables de la petición se le pasarán al servidor mediante GET, y un método que se ejecutará una vez se haya recibido la respuesta del servidor y esta haya tenido éxito.

Este método declara una nueva variable, anuncio, a la que le atribuye un nodo del árbol del DOM, el que tiene al atributo id con el valor «anuncio». A continuación comprueba que en la respuesta aparezca el texto «href="http://prototypejs.org/"» para modificar el DOM con las extensiones que proporciona Prototype y de informar al usuario.

Cómo se puede notar en el ejemplo, la programación con Prototype varía mucho de la programación tradicional con Javascript. Prototype incentiva a utilizar objetos declarados utilizando JSON y a pasar funciones anónimas (sin ser definidas por un nombre) como parámetro.

script.aculo.os

script.aculo.os es una librería desarrollada por Thomas Fuchs que amplía las capacidades de Prototype. Incorpora una impresionante variedad de efectos visuales, funcionalidad Drag and Drop (arrastra y deja), controles AJAX y más extensiones para el DOM de las que aporta Prototype.

El principal atractivo de la librería son los efectos visuales que incluye. Entre ellos se puede encontrar apariciones, desapariciones, plegamientos y despliegues, temblores, pulsaciones, etc. Todos estos efectos son métodos del objeto Effect y todos requieren especificar como primer parámetro el ID del elemento, además de las múltiples opciones que puedan tener de configuración y personalización. Además, incorporando lo objeto Reflector se pueden hacer los efectos espejo a imágenes que se explicaba anteriormente en este libro sin el uso de un programa de retoque fotográfico, directamente desde Javascript. El objeto Reflector no está en la misma librería, pero publican un ejemplo con el código en la misma página.

Otra de las funcionalidades que aporta la librería es la de poder arrastrar elementos y situarlos a zonas de la página habilitadas para poder ser dejados. Así pues, se diferencia entre elementos «*draggables*» (que se pueden arrastrar) y elementos «*droppables*» (que dentro se puede depositar elementos arrastrados). Hay dos tipos más de comportamientos drag and drop que no hacen esta distinción: Los *sortables*, que son elementos situados dentro de una lista que el usuario puede ordenar arrastrando sus elementos, y los *sliders*, barras donde se pueden hacer correr dos indicadores para determinar un máximo y un mínimo.

script.aculo.os no incorpora nuevos objetos ni nuevas propiedades y métodos a los objetos ya existentes de Prototype, aún así tiene un par de controles AJAX que pueden ser útiles. La librería aporta una opción para los campos de formulario de la página que muestra al usuario, mientras está escribiendo, las sugerencias que le propone el servidor o el mismo programa Javascript. El otro control es la clase Ajax.InPlaceEditor, que crea dinámicamente campos de formulario allí donde el usuario le dice que quiere cambiar el texto de la página y después envía mediante AJAX la petición al servidor con los cambios que ha hecho el usuario.

Por último, script.aculo.os aporta el objeto Builder que tiene un único método, *nodo*, y que ayuda a crear elementos mediante el DOM muy fácilmente. El primer parámetro del método es el nombre de la etiqueta y es obligatorio. Los otros dos son los atributos de esta dentro de un objeto JSON y el contenido de la etiqueta, y son opcionales.

Una vez creados los elementos se tienen que anexar en la página con el método *appendChild()*, tal como se explicaba en el apartado del *Document Object Model*. Aún así, tan sólo hay que anexar uno, puesto que los otros, que irán dentro de este, ya los anexa el mismo objeto. Así pues, este objeto ahorra mucho trabajo cuando se tienen que insertar etiquetas dinámicamente en la página.

Veámoslo en un ejemplo. Imagine que hemos de crear este código dinámicamente.

```
<table id="" style="width:90%;border:solid #333 medium">
    <tbody>
```

```
      <tr>
         <td style="border:solid #633 medium">fila 1, celda 1</td>
         <td>fila 1, celda 2</td>
      </tr>
      <tr>
         <td>hila 2, celda 1</td>
         <td style="border:solid #363 medium">fila 2, celda 2</td>
      </tr>
    </tbody>
  </table>
```

Si usamos el DOM sin ningún framework que nos ayude, tenemos que crear cada elemento y después unir los unos dentro de los otros:

```
   table=documento.createElement('table');
     table.setAttribute("id", "tabla");
table.setAttribute("style","width:90%;border:solid #333 medium");

   tbody=documento.createElement('tbody');

    tr1=documento.createElement('tr');
      td1=documento.createElement('td');
        td1.innerHTML="fila 1, celda 1";
        td1.setAttribute("style","border:solid #633 medium")
      td2=documento.createElement('td');
        td2.innerHTML="fila 1, celda 2";

    tr2=documento.createElement('tr');
      td3=documento.createElement('td');
        td3.innerHTML="fila 2, celda 1";
      td4=documento.createElement('td');
        td4.innerHTML="fila 2, celda 2";
        td4.setAttribute("style","border:solid #363 medium")

    tr1.appendChild(td1);
    tr1.appendChild(td2);
    tr2.appendChild(td3);
    tr2.appendChild(td4);
    tbody.appendChild(tr1);
```

```
    tbody.appendChild(tr2);
    table.appendChild(tbody);
```

Y este es lo equivalente con el builder de script.aculo.os. La diferencia de líneas es considerable, y la de tiempo también.

```
    table = Builder.nodo('table',{id:'mesa',
style:'width:90%;border:solid #333 medium'},[
      Builder.nodo('tbody',[
        Builder.nodo('tr',[
          Builder.nodo('td',{style:border:solid #633 medium}, 'fila 1, celda 1'),
          Builder.nodo('td', 'fila 1, celda 2')
        ]),
        Builder.nodo('tr',[
          Builder.nodo('td','fila 2, celda 1'),
          Builder.nodo('td',{style:border:solid #633 medium},'hila 2, celda 2')
        ])
      ])
    ]);
```

Además de Prototype y script.aculo.os existen muchas más librerías escritas en Javascript con funcionalidades similares, como Rich, Ext, MoochiKit, Dojo Toolkit, jQuery o Yahoo! UI. También hay que destacar la existencia de otras librerías que implementan AJAX pero que presentan un marco de trabajo para lenguajes de servidor, como en el caso de xaJax con PHP y ZK con Java. Ambas librerías permiten configurar los cambios en los elementos del documento desde el servidor, como respuesta a una petición AJAX, y no es necesario tener conocimientos muy profundos de Javascript para usarlas, al contrario de lo que pasaba con los anteriores frameworks.

Flash y ActionScript

Desde sus inicios, Adobe Flash (antes Macromedia Flash) ha sido un programa de escritorio que ha proporcionado al desarrollador herramientas para crear animaciones ligeras que se pueden visualizar en los navegadores con un plugin específico que desarrolla la misma empresa, el Flash Player. Flash presentaba animaciones de formas y colores en una época en que no era muy usual encontrarlas en la Web (estamos hablando de mediados de los 90), y además el hecho de que estas animaciones fueran tan ligeras en una época en que las conexiones eran muy lentas, convirtieron a Flash en una herramienta muy popular que ha sobrevivido hasta nuestros días.

La ligereza de los documentos generados con Flash es gracias a que este trabaja con gráficos vectoriales en vez de imágenes de bits como trabajan normalmente las animaciones. Las primeras animaciones Flash, pues, eran una serie de dibujos realizados con el mismo programa y pintados con colores planos, normalmente inspirados del comic. Flash también proporciona una línea de tiempo con diferentes fotogramas en los cuales se podía definir el comportamiento de estas figuras durante el tiempo que duraba la animación. Flash además de las figuras vectoriales, también permitía el incrustado de mapas de bits y archivos de sonido para ser reproducidos durante la animación.

Flash también proporcionaba desde sus primeras versiones capacidad de interpolarización, de forma que era suficiente con dos fotogramas situados en la línea de tiempo para que el programa automatizara la creación de los que faltaban entre uno y el otro. El programa permite interpolar tanto la posición de las figuras, moviendo estas de la posición donde están al fotograma anterior de la posición donde están al fotograma posterior, el color de estas, pasando por diferentes colores de la escalera cromática, o su forma.

Hasta la quinta versión de Flash, sacada en 2001, la única utilidad que ofrecía Flash era la de mostrar animaciones en la página; pero esta versión incorporó ActionScript, un nuevo lenguaje que permitía modificar, tal como Javascript modificaba los elementos del documento HTML, las figuras de la animación Flash. Esto marcó un antes y un después en el desarrollo de animaciones Flash, puesto que este lenguaje permitía dinamizar las animaciones, interaccionar con el usuario y procesar sus respuestas. Flash ya no servía tan sólo para hacer animaciones bonitas, sino que ahora hacía aplicaciones que a pesar de ser muy básicas precedieron la evolución hacia las aplicaciones web actuales.

Otra de las versiones que hay que remarcar es la sexta, llamada MX y sacada en 2002. Esta permite reproducir vídeos no vectoriales, codificados previamente con Flash Vídeo (FLV). Esta funcionalidad no se mejoró el suficiente hasta la aparición de Flash 8 (2005), que aportó las opciones de *streaming* suficientes para hacer viable un proyecto como el YouTube (aparecido a finales del 2005).

La última versión del Flash es la novena, llamada CS3, que ya ha sido sacada por la empresa Adobe, quién compro Macromedia en 2005. Con la aparición de Flex, otro programa que genera archivos Flash y que está especializado en la elaboración de aplicaciones web complejas, la versión CS3 se vio relegada otra vez al diseño de animaciones.

ActionScript

ActionScript es la adaptación que hizo Macromedia del estándar ECMAScript para permitir controlar las animaciones Flash a los desarrolladores. Fue inicialmente concebido para ayudar en la animación de las figuras vectoriales de Flash pero en la actualidad también es utilizado para modificar la estructura de las aplicaciones Flex. Al contrario de Javascript, que es un lenguaje interpretado, ActionScript se compila antes de incluirlo en el archivo Flash, al igual que todas las figuras vectoriales de Flash o elementos de Flex, para aumentar así el rendimiento de la aplicación.

La primera versión era muy parecida al Javascript de los navegadores. Todo era igual que con Javascript, la declaración de variables, la declaración de funciones y los operadores eran los mismos, la única cosa que hicieron fue adaptar el DOM de los documentos HTML a las animaciones Flash. Se suprimieron window, location, history, screen, navigator y document y en su lugar aparecieron _root, el movieclip raíz, del que se desprenden todos los otros, etc. También cambiaron los nombres de los eventos Javascript, y añadieron nuevos, para adaptarlos a la nueva plataforma.

Con la segunda versión llegaron muchos cambios de sintaxis que iban adaptando el lenguaje a la especificación ECMAScript 4. La principal característica añadida respecto al ECMAScript tradicional es que se tiene que especificar el tipo de toda variable cuando se declara, incluso los parámetros de las funciones y lo que devuelven, que, además de ser uno de los puntos de la nueva especificación, mejora mucho el rendimiento de la máquina virtual de ActionScript. También adapta la especificación de las clases al próximo estándar, lo que mejora mucho la programación orientada a objetos con ActionScript 2.0.

Con la tercera, la actual, se añaden algunos cambios más de sintaxis (como la incorporación de packages), pero en esta versión los cambios más relevantes se dan en la disposición de los objetos y las clases predefinidas, como también los eventos. Además, esta versión incorpora una extensión del lenguaje ECMAScript que le añade apoyo nativo de XML a este, y que se denomina E4X (*ECMAScript for XML*).

Flex

Adobe Flex es un conjunto de tecnologías que apoyan el desarrollo de aplicaciones web ricas basadas en la plataforma Flash. Estas tecnologías sustituyen el método de desarrollo Flash, por un método más adaptado al desarrollo tradicional de software. Flex, además de utilizar ActionScript para dar funcionalidad a estas aplicaciones web, utiliza un lenguaje de marcaje derivado del

XML que define la interfaz de una aplicación de este tipo, denominado MXML.

El mismo Adobe sacó un entorno integrado de desarrollo (IDE) para crear estas aplicaciones con Flex, denominado Flex Builder. El IDE en cuestión es muy parecido a cualquier editor HTML con entorno WYSIWYG: Tiene una pestaña para ver el código MXML que integra elementos como títulos o campos de formulario en la película (como lo haría la XHTML) y ActionScript que controla los eventos y puede modificar el MXML (como lo haría Javascript), y otra pestaña, esta mostrando los elementos tal como se verán en el navegador, y con posibilidad de modificar con unos simples toques de ratón y teclado. A pesar de que Flex Builder no es libre, Adobe ha liberado el Flex SDK, un kit de desarrollo que incorpora los controles de interfaz (botones, casillas de verificación, etc.) y un compilador que convierte documentos MXML y ActionScript en archivos SWF para que puedan ser visualizados con el navegador.

Tanto Flex como Javascript/AJAX se están utilizando para el desarrollo de aplicaciones web ricas, es decir, aplicaciones web que tienen funcionalidades de las aplicaciones tradicionales de escritorio. Ya hemos visto que las librerías Javascript aparecidas hace unos años le han dado mucho de uso a este lenguaje en entornos profesionales y con funcionalidades como el *drag and drop* y, ahora, Flex también es una buena opción para desarrollar aplicaciones de este tipo.

Una de las principales desventajas del desarrollo de aplicaciones web con Flex es que el documento una vez compilado para que se vea en el navegador no se puede leer como un XML, como si que lo permite el XHTML. Esto imposibilita el análisis que hacen los motores de búsqueda como Google, cosa que puede perjudicar gravemente el posicionamiento entre los primeros resultados de este y otros buscadores. Los lectores de pantalla para personas discapacitadas también lo tienen difícil con aplicaciones Flex, al estar estas adaptadas para leer documentos XHTML. Además Flex requiere que el navegador tenga instalado el plug-in Flash Player 9, mientras que AJAX utiliza tecnologías nativas en el navegador y que además son estándar. Por el contrario, Flex es la mejor opción para insertar material multimedia en las aplicaciones web, tanto en gráficos vectoriales (ya se ha dicho que el SVG todavía no está implementado de manera completa en todos los navegadores), como en audio y vídeo.

También hay otras opciones como OpenLaszlo que es una plataforma de desarrollo que permite programar con un lenguaje similar al MXML, el LZX, que es compilado junto al servidor antes de enviar la página, en un archivo de película Flash (SWF) o en una página DHTML, según lo que le convenga más al usuario. Una de las singularidades de OpenLaszlo es que es de código abierto.

Conclusiones

El Marketing Digital es un herramienta clave en el futuro económico de las empresas. En la actualidad internet representa el mayor mercado del mundo con más de 600 millones de potenciales consumidores.

Una buena gestión de información, una buena estrategia comercial online y una buena optimización de los recursos empresariales pueden marcar la diferencia entre el éxito y el fracaso empresarial.

El conocimiento de las nuevas tecnologías es clave para los empresarios de hoy en día, ya que, dependiendo de que tecnologías apliquen a la informatización de sus empresas, la empresa podrá realizar determinadas acciones o no, o podrá ampliar y mejorar su software...o no, de ahí que es importante que las empresas cuenten con personas especializadas en las diferentes tecnologías que se encuentran en internet. El uso de una tecnología que aparentemente es muy buena y eficiente para un negocio, puede no ser igual de eficiente en un futuro, obligando a la empresa a volver a cambiar todos sus sistemas informáticos para adaptarlos a las nuevas tecnologías que sí son eficientes para el negocio.

Espero que con este libro se anime a unirse a la gran ola de empresas que se están sumando a la vía del comercio electrónico y que le haya podido aportar ideas que mejoren su negocio, o que le sirva para tener su propio negocio.

Bibliografía

Para la realización de este libro se han leído, traducido, consultado y contrastado la información con las siguientes fuentes de información:

Libros

Posicionamiento web 2.0. SEO, SEM y Redes Sociales, de Aarón Rojo Bedford.

Don't Make Me Think, de Steve Krug
Web Analytics—An Hour a Day, de Avinash Kaushik
Web Design for ROI, de Lance Loveday y Sandra Niehaus
Innovation and Entrepreneurship, de Peter Drucker

Páginas web

http://wikipedia.org
http://puromarketing.com

Acerca del Autor

Ángel Arias

Ángel Arias es un consultor informático con más de 12 años de experiencia en sector informático. Con experiencia en trabajos de consultoría, seguridad en sistemas informáticos y en implementación de software empresarial, en grandes empresas nacionales y multinacionales, Ángel se decantó por el ámbito de la formación online, y ahora combina su trabajo como consultor informático, con el papel de profesor online y autor de numerosos cursos online de informática y otras materias.

Ahora Ángel Arias, también comienza su andadura en el mundo de la literatura sobre la temática de la informática, donde, con mucho empeño, tratará de difundir sus conocimientos para que otros profesionales puedan crecer y mejorar profesional y laboralmente.

www.ingramcontent.com/pod-product-compliance
Lightning Source LLC
Chambersburg PA
CBHW051711170526
45167CB00002B/619